MARLENE FRITSCH

Spirituelle Auszeit am Meer

W0072098

Die Autorin

Marlene Fritsch, geb. 1972, studierte Theologie und Germanistik. Sie lebt und arbeitet als Lektorin und Autorin in Trier und verbringt ihren Urlaub gern an der Nordsee.

MARLENE FRITSCH

Spirituelle Auszeit

am Meer

Impulse zum Auftanken

HERDER

FREIBURG · BASEL · WIEN

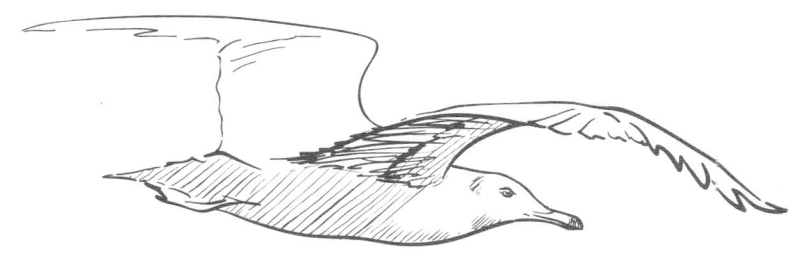

Inhalt

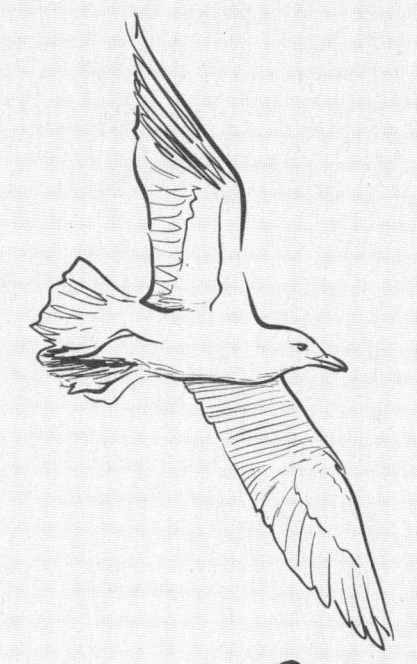

Strand-
spaziergang

Meer

Wenn man ans Meer kommt
soll man zu schweigen beginnen
bei den letzten Grashalmen
soll man den Faden verlieren
und den Salzschaum
und das scharfe Zischen des Windes einatmen
und ausatmen
und wieder einatmen
Wenn man den Sand sägen hört
und das Schlurfen der kleinen Steine
in langen Wellen
soll man aufhören zu sollen
und nichts mehr wollen wollen nur Meer
Nur Meer

Erich Fried

Nur noch ein Schritt über die Düne, dann liegt es vor mir. Schimmernde Weite, glitzerndes Blau. Die Augen zum Schutz vor der Sonne halb zugekniffen, verschwimmen in der Ferne Horizont und Wasser. Der Wind fährt durch meine Kleider, meine Haare, meine Seele, ich atme tief ein. Es riecht nach Salz und Strand, Leben und Ewigkeit. Ich streiche mir die Strähnen aus dem Gesicht und lächele breit: Ich bin angekommen.

»Jetzt hast du wieder dein Meergesicht«, sagt mein Mann.

Es verblüfft mich jedes Mal wieder, welche Wirkung diese große Wasserfläche auf mich hat. Es ist, als ob sich ein Schalter umlegen würde: Sobald ich Meerblick habe, entspannt sich alles in mir, ich kann augenblicklich vergessen, was mich bis eben noch so beschäftigt hat: Sorgen, Probleme, Unerledigtes, Begegnungen. Sobald ich am Meer stehe, bin ich nur noch im Jetzt und Hier.

Sicher tritt nicht bei allen Menschen diese Wirkung so augenblicklich ein wie bei mir, aber nach ein paar Stunden oder Tagen spüren viele, dass sich etwas in ihnen wandelt. Termine, Sorgen um andere und um sich selbst, Arbeit, Routine, Zeitdruck spielen plötzlich keine Rolle mehr. All das fällt von ihnen ab wie eine Hülle und macht einer Gelassenheit und Ruhe Platz, die sie sonst vergeblich in Entspannungsübungen oder an Rückzugsorten suchen.

Sicher gibt es auch Menschen, denen das Meer in seiner Unberechenbarkeit und Gewalt Angst einflößt. In anderen löst es eine schwer zu beschreibende Sehnsucht aus, die ihr Herz besetzt. In jedem Fall berührt das Meer aber etwas in uns Menschen, das wir nicht immer in Worte fassen können. Vielleicht auch, weil es etwas ist, das es erst noch zu entdecken gilt.

Für mich ist das Meer ein mystischer Ort: Hier kann ich mir selbst begegnen, wenn ich das Wasser als Spiegel meiner Seele betrachte – und wenn ich den Mut habe, hineinzuschauen. Und hier kann ich Gott begegnen, wenn ich ihn finden möchte – in den Wellen, in der Weite des Horizonts, im Wind und der Sehnsucht, die mein Herz füllt.

Daher möchte ich Sie, liebe Leserinnen und Leser, in diesem Buch mit auf einen Strandspaziergang nehmen. Lassen Sie sich den Kopf freipusten, spüren Sie den Sand zwischen den Zehen, begegnen Sie anderen »Strandläufern«, sammeln Sie mit mir Muscheln und anderes Treibgut. Und kehren Sie dann mit Ihren Meeresschätzen wieder in Ihren Alltag zurück – beschenkt, erfrischt und gestärkt.

Marlene Fritsch, August 2017

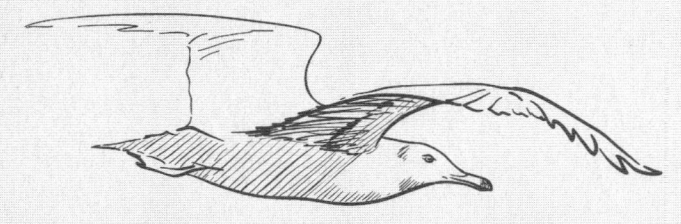

Elemente

Du wirst die Welt niemals richtig genießen,
bis nicht das Meer durch deine Adern fließt,
dich der Himmel zudeckt und die Sterne dich krönen.
Thomas Traherne

Wind und Wetter –
sich lebendig fühlen

Wenn ich am Meer spazieren gehe, muss ich immer an den Spruch denken: »Es gibt kein schlechtes Wetter, es gibt nur falsche Kleidung.« Mit dem Begriff »Meer« verbinden die meisten Menschen Sonne, Badewetter und blauen Himmel. Ich finde es aber beinahe dann am schönsten dort, wenn der Wind bläst und die Wolken treiben, wenn der Himmel in einem Moment strahlend blau und im nächsten mit Streifen und Wolkenkissen betupft ist, wenn das Ufer gefroren ist oder die Stürme darüberjagen. Natürlich kann man dann nicht unbedingt im Liegestuhl lesen oder auf dem Handtuch faulenzen. Nicht, dass das nicht seinen Reiz hätte – ich liege gerne in der Sonne. Aber schönes Wetter kann jeder, und das Meer hat noch viel mehr zu bieten als das.

Gerade wenn es stürmt, habe ich immer das Gefühl, die Kraft des Wassers und des Windes überträgt sich auf mich. Sie pustet mir den Kopf frei, wäscht mir die Gedanken aus den Sorgenecken und füllt mich mit unbändiger Lebensenergie.

Wenn ich mich gegen den Wind stemmen muss beim Spaziergang, dann fordert mich das heraus, meine eigenen Kräfte zu mobilisieren, voranzukommen gegen die Widerstände, mich nicht kleinkriegen zu lassen vom Sturm, der mir ins Gesicht bläst, selbst wenn er mir die Tränen in die Augen treibt. Und wenn der Wind dann auf dem Rückweg von hinten drängt, fühle ich mich unterstützt, so wie damals, als mein Vater mich als Kind auf dem Fahrrad den steilen Berg hinaufgeschoben hat. Ich muss immer lachen, wenn mich eine Böe richtig erwischt und ein Stück nach vorne hüpfen lässt – so ähnlich muss fliegen sein, so leicht und schwerelos. Tatsächlich – am Meer gibt es kein schlechtes Wetter!

Idee am Meer

Überwinden Sie den Meckerbär, der über schlechtes Wetter klagt und behauptet, an einem solchen Tag würde man nicht mal einen Hund vor die Tür schicken. Wenn Sie die Möglichkeit haben, sich hinterher wieder richtig aufzuwärmen, wagen Sie sich auch bei stürmischem Wind und Regen nach draußen. Lassen Sie sich durchpusten und vom Wind treiben oder kämpfen Sie gegen ihn an. Werden Sie mit Absicht nass! Es kann so guttun, sich vom Himmel »waschen« zu lassen, einmal die Elemente auf der Haut zu spüren.

Wenn Sie wieder zu Hause sind und sich trockene Sachen angezogen haben: Spüren Sie dem Gefühl der Elemente auf Ihrem Körper nach – dem Wind, der noch auf den Wangen und dem Kinn glüht, dem Wasser im Gesicht und auf der Haut, das sich verbunden mit dem Wind manchmal anfühlt wie kleine Nadelstiche, vielleicht auch dem Sand auf der Haut, der vom Wind hochgeblasen wurde. Und der Wärme, die jetzt durch alle Glieder strömt – vor allem, wenn man sich dazu noch ein heißes Getränk gönnt.

Im Alltag haben wir selten Gelegenheit, unseren Körper so intensiv wahrzunehmen. Wind und Wetter am Meer bringen uns dazu, uns wieder ganz zu spüren – und uns bewusst zu werden, was für uns angenehm ist und was nicht, was wir brauchen, um uns in unserem Körper lebendig zu fühlen.

Idee für zu Hause

Man kann zu Hause zwar die Elemente nicht ganz so intensiv spüren, aber es ist auch dort ein Erlebnis: sich bei schlechtem Wetter nach draußen zu wagen und eine Runde spazieren zu gehen. Ein bisschen mehr »Meergefühl« kommt auf, wenn man auf einen Berg steigt oder einen Platz findet, der Wind und Wetter ausgesetzt ist. Manchmal meint man dann fast, das Salz in der Luft zu schmecken ...

Sand – geerdet sein

Wenn nicht gerade tiefster Winter herrscht, kann ich mich nicht zurückhalten, gleich dort, wo die Düne oder der geteerte Weg aufhört, die Schuhe auszuziehen und barfuß in den Sand zu hüpfen. Das Freiheitsgefühl in den Zehen, die einzelnen Körnchen unter den Fußsohlen – was für ein Unterschied zu dem, was die Füße sonst zu spüren bekommen!

Dann der Weg zum Wassersaum: Erst das oft etwas mühsame Stapfen durch den tiefen Sand; der Streifen mit den Muschelschalen und anderem Treibgut, über den man vorsichtig einen Fuß vor den anderen setzt; dahinter wird das Laufen auf dem zunehmend feuchten Sand immer leichter, bis endlich der große Zeh ins Wasser tauchen darf!

Wellenschaum auf den Füßen, danach einsinken in den Sand, den das Meer mir unter den Füßen wegspült – was für ein herrliches Gefühl!

Vielleicht ist das das Erste, was einen am Meer so schnell dazu bringt, im Jetzt anzukommen: das Gefühl, geerdet zu sein, den Boden zu fühlen, ganz »pur«.

Im Alltag ist es häufig schwierig, barfuß zu laufen: Geschäftstermine, Arbeit im Büro, Verabredungen in der Stadt, Einkäufe im Supermarkt. Bei vielen Gelegenheiten wird man sogar ziemlich schräg von der Seite angeschaut, wenn man die Schuhe von den Füßen streift, selbst im

Sommer. Am Meer ist das anders. Da schaut man die Menschen fast schräg von der Seite an, die trotz warmen Wetters Schuhe tragen, wenn sie am Strand entlangspazieren.

Es fühlt sich gut an, den eigenen Körper wieder einmal zu spüren. Mir wird immer dann erst klar, wie empfindlich meine Fußsohlen eigentlich sind – vor allem nach dem Winter, wenn ich mich wieder ans Barfußlaufen gewöhnen muss. Eine spitze Muschelschale, ein Stein, ein Hölzchen – und schon weiß ich wieder, was Schmerz ist. Ich spüre aber auch, wie weich der Sand unter den Sohlen ist, wie gut es tut, auf Untergrund zu laufen, der meinen Schritten nachgibt und mich gleichzeitig massiert, mir sogar ein kostenloses Peeling schenkt – und meinen Füßen so viel Freiheit! Keine schweren, zu engen Schuhe, in denen ich die Zehen nicht bewegen kann, keine Absätze – ein großartiges Gefühl!

Wenn ich an einem wirklich breiten Strand stehe oder auf einer Sandfläche, wie man sie oft am Ende der Nordseeinseln findet, wo Horizont und Sand in eins fließen, fällt mir immer wieder der Psalmvers aus der Bibel ein:

»Du stellst meine Füße auf weiten Raum« (Psalm 31,9).

So muss sich der Mensch gefühlt haben, der dieses Gebet zuerst gesprochen hat: befreit und geerdet. Und das bezieht sich auch am Meer nicht nur auf die Füße, es wirkt durch den ganzen Körper bis in den Kopf und die Seele. Durchatmen – im Jetzt ankommen.

Idee am Meer

Vielleicht nicht bei Eis und Schnee oder im ersten Frühjahrssturm, aber selbst wenn gerade kein Hochsommer ist, ist es eine unglaublich schöne Erfahrung, barfuß durch den Sand zu gehen und auch einmal direkt am Meersaum entlang zu laufen. Die Luft an den Füßen spüren, den warmen oder kalten Sand, das Wasser, das sofort den ganzen Körper erfrischt (und an kalten Tagen sofort die Durchblutung ankurbelt und die Füße ordentlich warm macht!) – gönnen Sie Ihren Füßen ein wenig Auslauf und Freiheit! Spüren Sie bewusst, wie sich der Sand zwischen den Zehen anfühlt, und vielleicht auch, was das mit dem Rest Ihres Körpers macht – und mit Ihrem Geist.

Ein kleines Handtuch in der Jackentasche hilft, dann auch wieder in die Schuhe zu steigen, ohne sich für den Rest des Spaziergangs wie die Prinzessin auf der Erbse zu fühlen.

Idee zu Hause

Wenn es heiß ist, stellen wir uns manchmal einen Kübel mit kaltem Wasser unter den Schreibtisch, um die Füße zu kühlen. Versuchen Sie das doch einmal mit einem Eimer oder einem anderen breiten Gefäß voller Sand! Es wird Ihnen wahrscheinlich sofort Urlaubsgefühle bereiten. Aber vielleicht auch noch mehr: Freiheit im Kopf, das Gefühl, geerdet zu sein, die Füße spielen lassen zu können …

Wasser – den Ursprung spüren

Kennen Sie das? Sie haben den ganzen Tag am Strand verbracht, in den Wellen getobt, die sich hoch auftürmten und ununterbrochen an den Strand gerollt sind. Dann liegen Sie abends im Bett und können das Rollen der Wellen, das Kommen und Gehen, den Sog des Wassers in Ihrem Körper spüren. Es ist, als ob noch immer die Wellen über Sie hinweggehen und wiederkommen … Erstaunlich, wie schnell sich der Rhythmus des Wassers auf unseren Körper überträgt – oder wie schnell er ihn als den eigenen wiedererkennt und aufnimmt?

Am Meer habe ich immer das Gefühl, meinem eigenen Ursprung und sogar dem Ursprung aller Menschen deutlich näher zu sein als irgendwo sonst auf der Welt. Alles Leben auf der Erde ist letztlich im Meer entstanden und aus dem Meer gekommen. Spüren wir deshalb einerseits eine so große Nähe und andererseits einen so gehörigen Respekt vor diesem Element?

Für mich ist das Kommen und Gehen der Wellen ein Bild für unser Leben als Menschen: Es erinnert mich an unser Ein- und Ausatmen, es scheint ebenso ununterbrochen und notwendig für das Leben oder Weiterleben des Meeres zu sein wie unser Atem. Das Meer hat eine sichtbare Oberfläche, die man von außen betrachten kann. Aber es hat auch eine für uns kaum zu erfassende Tiefe, etwas, das allen Augen verborgen bleibt und in dem vielleicht auch etwas lauert, was niemand erwartet, was man von außen nicht sehen kann. In der Traumdeutung sagt man, dass das Meer als Symbol für das Unbewusste steht, für die Tiefe, die wir selbst nicht kennen. Und ähnlich wie beim Meer kommt das, was dort in der Tiefe existiert, manchmal durch einen Sturm, durch etwas, das in unserem Leben das Unterste nach oben kehrt, ans Licht. Tiefseewesen sind nicht unbedingt wegen ihrer Schönheit bekannt. Häufig gruselt es uns bei ihrem Anblick. Und manchmal ist das bei dem, was durch Schwierigkeiten und Turbulenzen vom Leben an unsere Oberfläche gespült wird, nicht anders.

Und noch etwas haben wir mit dem Meer gemeinsam. Khalil Gibran meint: »Es muss etwas ungewöhnlich Heiliges im Salz sein: Man findet es in unseren Tränen und im Meer.«

Traurigkeit fühlt sich nicht umsonst oft an wie ein »Meer aus Tränen« in uns. Und vielleicht sind die Tränen auch so etwas wie eine Erinnerung, ein letzter Rest des Ursprungs in uns, aus dem wir kommen? Jedenfalls finde ich das einen schönen Gedanken, selbst wenn es mit der Realität nicht unbedingt übereinstimmt.

Eine der schönsten Eigenschaften von Meerwasser ist allerdings, dass es uns trägt, wenn wir uns ihm anvertrauen, uns auf den Rücken legen, Arme und Beine ausbreiten und einfach ruhig weiteratmen. Und das Spannende daran: Je mehr Salz im Wasser ist, desto einfacher ist es, sich von ihm tragen zu lassen - was jeder bestätigen kann, der schon einmal im Toten Meer gebadet hat.

Es kostet mich immer etwas Überwindung, ins offene Meer hinaus zu schwimmen und mich dann vom Wasser tragen zu lassen. Denn ich weiß in diesem Moment nicht, was unter mir ist. Meist liegt der Kopf auch so im Wasser, dass beide Ohren unter der Oberfläche sind und ich nichts hören kann. Es ist ein Augenblick, in dem ich voller Vertrauen einfach in den Himmel schaue und nichts weiter wahrnehme als meinen eigenen Atem und das Wasser, das mich trägt. Es fühlt sich für diesen Moment an wie ein Einswerden mit dem Meer, mit dem Element, aus dem ich entstanden bin und das noch immer achtzig Prozent meines Körpers ausmacht. Mein Atem geht im Atemrhythmus der Wellen - und es ist ein kleines bisschen wie nach Hause kommen.

Idee am Meer

Sich ins tiefe Wasser zu begeben, ist nicht jedermanns Sache. Um den Rhythmus der Wellen zu spüren, reicht es aber schon, sich an den Wellensaum zu legen und mit jeder Welle das Wasser bis zur Hüfte oder bis zur Brust steigen zu lassen. Achten Sie einmal dabei auf Ihren Atemrhythmus – ich habe schon festgestellt, dass er sich manchmal automatisch dem Kommen und Gehen der Wellen anpasst. Schauen Sie in den Himmel, spüren Sie den Boden unter sich, der Sie trägt. Breiten Sie die Arme aus und fühlen Sie sich einmal ganz den Elementen Wasser, Wind und Sonne ausgesetzt. Vielleicht stellt sich ein Gefühl von Vertrauen in diese ursprünglichen Kräfte ein, oder Sie spüren, dass Sie in diesem Moment eins mit ihnen sind, ein Teil davon.

Wenn das Wetter zu unfreundlich ist, um sich an den Wellensaum zu legen, kann man zumindest die Ohren auf den Wellenrhythmus einstellen: Bleiben Sie am Wassersaum stehen, schließen Sie die Augen und hören Sie dem Rauschen zu. Spüren Sie, wie Ihr Atemrhythmus mit dem des Meeres zusammenpasst oder ihm entgegenläuft. Verweilen Sie eine Zeitlang, schauen Sie nicht auf die Uhr, sondern spüren Sie einfach, wann es für Sie genug ist.

Idee für zu Hause

Leider ist das Element Wasser zu Hause in dieser Weise nicht erfahrbar, ohne dass anschließend größere Renovierungsarbeiten nötig wären. Das Gefühl, dass das Wasser trägt, können Sie jedoch in der Badewanne zumindest ein Stück weit erfahren, wenn Sie sich zurücklegen und den Kopf so weit unter Wasser drücken, dass nur noch Mund und Nase und Augen herausschauen. Lassen Sie die Arme hängen und spüren sie, soweit es die Wanne zulässt, wie sie im Wasser »schweben«. Atmen Sie gleichmäßig ein und aus und spüren Sie dem Gefühl nach, wie es ist, wenn sich Ihr Körper beim Einatmen nach oben, an die Wasseroberfläche schiebt und mit dem Ausatmen wieder absinkt. Schließen Sie die Augen und genießen Sie für einen Moment das ruhige Ein- und Ausatmen und das Gefühl, dabei vom Wasser umschlossen, getragen zu sein.

Wenn Sie mögen, stellen Sie ein paar Kerzen auf den Wannenrand und nehmen Sie entweder ein Meersalzbad oder gönnen Sie sich einen Duft als Schaumbad, der Sie in Gedanken und Sinnen mitnimmt ans Meer.

Licht – ein Augenblick Ewigkeit

Vielleicht kennen Sie das aus eigener Erfahrung: Wenn Sie die Fotos vom Urlaub am Meer betrachten, findet sich auf etwa siebzig Prozent davon ein Sonnenuntergangsmotiv. Besonders aufgefallen ist mir das in den Jahren, als wir eine Ferienwohnung in der Bretagne direkt am Meer hatten. Ich konnte mich an diesem Farbenspiel nicht sattsehen, das jeden Abend anders aussah und mich immer neu zum Staunen brachte. Beinahe jeden Abend habe ich mir die Zeit genommen, es zu betrachten, bis die Sonne im Meer versunken und das letzte Glühen am Himmel verschwunden war.

Was ist es, das uns daran so sehr fasziniert und oft auch berührt? Sind es die Farben? Die Stille, die Stimmung rundum? Oder vielleicht die wirklich freie Sicht auf das Schauspiel? Denn in den Städten und Dörfern, aber auch in Tälern und in Waldgebieten hat man im Alltag kaum je die Möglichkeit, so ungehindert dem Sonnenuntergang zuzuschauen. Heinrich Heine hat dieses Gefühl in ein paar ironische Zeilen gegossen:

Das Fräulein stand am Meere

Das Fräulein stand am Meere
Und seufzte lang und bang,
Es rührte sie so sehre
Der Sonnenuntergang.

Mein Fräulein! sein Sie munter,
Das ist ein altes Stück;
Hier vorne geht sie unter
Und kehrt von hinten zurück.

Heinrich Heine

Und trotzdem können wir uns der Stimmung und der Faszination nicht entziehen. Aber das gilt nicht nur für den Sonnenunter-, sondern auch für den Sonnenaufgang, den Mond und die Sterne, die am Meer besonders gut zu beobachten sind, weil die Wasseroberfläche häufig wie ein riesiger Spiegel wirkt, der das Licht zurückwirft oder es auf ganz neue Weise noch einmal aufnimmt.

Dadurch entstehen Lichtstimmungen, die ich oft als beinahe unwirklich empfinde. Besonders deutlich wird mir das, wenn die Sonne relativ tief steht und das Gleißen auf dem Wasser die Grenzen zwischen Himmel, Meer und Land verwischt und man beinahe das Gefühl hat, nicht mehr zu wissen, wo oben und wo unten ist. Dieses Gefühl, »zwischen allen Welten« zu sein, überträgt sich dann auch auf die Zeit: Es ist, als würde sie stillstehen, als sei dies ein Augenblick, der nicht vorübergeht. Manchmal denke ich dann: »So muss sich Ewigkeit anfühlen.« Dieser Eindruck, »aus der Zeit gefallen« zu sein oder, wie es Walter Moers nennt, einen »Knoten in die Zeit« zu machen, ist am Meer häufig spürbar. Vielleicht liegt es daran, dass die Landschaft und vor allem das Meer so unveränderlich wirken und sie so eine Ahnung von Ursprünglichkeit und Ewigkeit vermitteln.

Mich lehrt das Licht am Meer immer wieder das Staunen: Wenn sich eine Wolkenlücke auftut und einige Sonnenstrahlen wie ein Scheinwerfer auf das Wasser treffen, kann ich verstehen, warum die Menschen früherer Zeiten darin so etwas wie ein Zeichen Gottes sahen. Wenn das Gleißen auf dem Wasser so hell ist, dass es die Konturen von Strand, Meer und Himmel verwischt, und sich anfühlt, als würde es auch mich von innen heraus ausleuchten, als könnte ich die Wärme in mir spüren, weiß ich wieder, was das Glück eines Augenblicks meint, was wahre Schönheit ist, nur im Jetzt zu sein, an nichts anderes zu denken als an diesen Moment.

Idee am Meer und zu Hause

Nehmen Sie sich die Zeit, einen Sonnenauf- oder Untergang einmal in seiner ganzen Schönheit zu erleben. Versuchen Sie, währenddessen nicht auf die Uhr oder das Handy zu schauen, nicht zu fotografieren, zu lesen oder sich mit sonst etwas abzulenken, sondern einfach nur im Schauen zu bleiben, im Augenblick, im Jetzt.

Diese Zeiten können helfen, Abstand von den Dingen zu bekommen, die in unserem Kopf kreisen und uns abends oft genug davon abhalten, einzuschlafen. Sie sind so etwas wie eine Kraftquelle, rücken manchmal alles in ein anderes Licht und helfen dabei, uns mit neuem Leben zu »betanken«.

Spüren Sie dem nach, wie schwer oder leicht es Ihnen fällt, so »zeitlos« zu sein, im Jetzt zu bleiben, nur zu sein. Ist dies eine Erfahrung, die Sie aus anderen Zusammenhängen kennen? Gibt es andere Beschäftigungen, bei denen Sie komplett die Zeit vergessen, vielleicht beim Sport, beim Musizieren, beim Malen, Schneidern, Handwerken? Probieren Sie einfach einmal aus, was Sie die Zeit vergessen lässt.

Strandgut

Ich kenne kaum einen Menschen, der am Meer spazieren geht und hinterher nicht die Taschen voller kleiner Schätze hat: Muscheln, geschliffene Glasscherben, steinerne »Hühnergötter« mit Loch, Seesterne oder ein Schneckenhaus, zerbrechliche Sepiaschalen oder sogar ein Haizahn oder Bernstein. Bei einer dieser Entdeckungstouren sagte mein Neffe einmal zu mir: »Warum findest du immer die schönsten Muscheln und Schneckenhäuser, warum sehe ich die nie?«

Am Strand verwandele ich mich in eine Elster, die alles, was blinkt und leuchtet, herauspickt und mitnimmt. Ich bin immer wieder erstaunt, welche Formen und Farben da sichtbar werden und wie schön sie sind: das Perlmutt, das auf einer Muschel schimmert, weil der Sand die oberste Schicht komplett abgetragen hat und nun das Innerste zum glänzenden Vorschein bringt; das Schneckenhaus mit seinen Windungen, das fast noch faszinierender ist, wenn das Meer die eine Seite abgetragen hat und man es sozusagen im Durchschnitt bewundern kann; der glatte, perfekt rundgeschliffene Stein, der in der Hand liegt, als würde er dorthin gehören, das intensive Blau, Gelb und Rosa der Muschelschalen, die im seichten Wasser zu leuchten beginnen. Ich kann mich daran nicht sattsehen.

Ich habe mich schon oft gefragt, weshalb so viele Menschen diese Fundstücke aufheben und mit nach Hause nehmen, etwas daraus basteln oder die Fensterbänke damit dekorieren. Ich glaube, es liegt daran, dass für die meisten die Muscheln nicht bloß Muscheln sind. Sie stehen als Symbol für ein Gefühl, als Erinnerung an eine schöne Zeit, an etwas, das ihr Herz berührt. Dem möchte ich in diesem Kapitel einmal nachgehen.

Muscheln und andere Schätze – Erinnerungen des Meeres

Ich suche nicht – ich finde.

Suchen – das ist Ausgehen von alten Beständen und ein Finden-Wollen von bereits Bekanntem im Neuem.

Finden – das ist das völlig Neue!

Das Neue auch in der Bewegung. Alle Wege sind offen, und was gefunden wird, ist unbekannt. Es ist ein Wagnis, ein heiliges Abenteuer!

Die Ungewissheit solcher Wagnisse können eigentlich nur jene auf sich nehmen, die sich im Ungeborgenen geborgen wissen, die in die Ungewissheit, in die Füherlosigkeit geführt werden, die sich im Dunkeln einem unsichtbaren Stern überlassen, die sich vom Ziele ziehen lassen und nicht – menschlich beschränkt und eingeengt – das Ziel bestimmen.

Dieses Offensein für jede neue Erkenntnis im Außen und Innen: Das ist das Wesenhafte des modernen Menschen, der in aller Angst des Loslassens doch die Gnade des Gehaltenseins im Offenwerden neuer Möglichkeiten erfährt.

Pablo Picasso

Immer, wenn ich so auf dem Sand dahinschlendere, kommt mir der Text von Pablo Picasso in den Sinn. Ich glaube, es liegt an der Haltung, mit der ich unterwegs bin, dass mir dann häufig außergewöhnliche Schätze in die Hand fallen: Ich suche nicht, ich finde! Am Strand schaue ich nach nichts Bestimmtem, sondern bin offen und neugierig, welche seiner Erinnerungen mir das Meer vor die Füße spült.

Die Haltung, die in den Worten des großen Malers zum Ausdruck kommt, hat mich sehr beeindruckt, denn für mich steckt darin eine Lebensweisheit: »Ich suche nicht, ich finde« - nicht bei allem schon genau zu wissen, wie es aussehen muss, das, was mir begegnet, nicht schon im Vorhinein in Schubladen stecken oder so lange zurechtbiegen, bis es in die jeweilige Schublade passt, sondern offen sein, planlos, wenn man so will, und schauen, was kommt.

Mit einer solchen Haltung lebt es sich befreiter, weil man nicht mehr so oft enttäuscht wird, wenn es nicht so kommt, wie man es sich vorgestellt hatte, und weil man sich immer wieder überraschen lässt.

Jeder Tag wird damit zum »heiligen Abenteuer«, denn wir halten uns die Möglichkeit offen, dass uns trotz aller Routine Neues, Abenteuerliches begegnet. Ich bin der festen Überzeugung, dass es keine Zufälle gibt, sondern einem immer das begegnet, für das man offen ist.

Dazu gehört für mich noch eine weitere Haltung, die

nicht immer leicht umzusetzen ist: die Sicht auf die Dinge. Oder eher die Offenheit, Dinge oder Lebensumstände aus verschiedenen Perspektiven zu betrachten. Es gibt einige wunderbare Geschichten dazu, und mit am liebsten sind mir die des Meistererzählers Anthony de Mello:

Ein Mann stieg in einen Bus und kam neben einem jungen Mann zu sitzen, der offensichtlich ein Hippie war. Er hatte nur einen Schuh an.
»Du hast wohl einen Schuh verloren, mein Junge.«
»Nein, guter Mann«, lautete die Antwort, »ich habe einen gefunden.«
Anthony de Mello

Das bedeutet nicht, dass man sich nie über etwas ärgern oder Umstände, Geschehnisse, Unglücke schrecklich finden darf. Aber letztlich geht es darum, mit den Dingen umzugehen, die unabänderlich sind, mit denen wir uns in irgendeiner Weise arrangieren müssen. Dann kann ich immer wieder gegen die gleiche Wand laufen und im Zorn verharren, mit meinem Schicksal hadern und die Welt anklagen, weil sie so ungerecht ist. Oder ich finde einen Weg, meine Situation aus einer anderen Perspektive zu sehen, das Gute darin zu entdecken und die Tür zu sehen, die sich durch das, was mir passiert ist, geöffnet hat und die vielleicht verschlossen geblieben wäre, hätte ich es nicht erfahren.

Das ist nicht leicht, und man kann diese Einstellung auch keinem Menschen aufzwingen. Aber man kann sie als Lebenshaltung einüben. Wenn ich in Schwierigkeiten stecke, kann ich sagen: »Ich *suche* eine Lösung« oder eben: »Ich *finde* eine Lösung!« Es ist generell eine andere Einstellung, die hinter den beiden Sätzen steckt.

Am Strandgut, das mir bei meinem Spaziergang ins Auge fällt, wird das besonders schön deutlich: Ich kann in den Muschelschalen und Schneckenhäusern Überreste toter Tiere sehen, beschädigt, zerrieben, wertlos. Ich kann aber auch ihre glänzende Schönheit betrachten, das Perlmutt, das erst zum Vorschein kommt, wenn der Sand die äußere Schale abgerieben hat. Ich kann sie als die Erinnerungsstücke des Meeres sehen, als Zeugen all des Lebens, das sich darin finden lässt. Ich kann ihnen als solchen, wieder einen neuen Wert geben, der zwar nicht in einer Währung messbar ist, aber durch mich Wertschätzung erfährt.

Oder die Steine: Ich kann sie als Hindernisse sehen, als Brocken, die mir im Weg liegen, über die ich klettern muss. Oder ich kann sie als Trittsteine betrachten, die mir über einen reißenden Fluss hinweghelfen, die mir in schwierigen Situationen Halt geben und festen Boden unter den Füßen.

Auch aus Steinen, die einem in den Weg gelegt werden, kann man Schönes bauen.

Johann Wolfgang von Goethe

Idee am Meer und für zu Hause

Nehmen Sie zwei Steine zur Hand, die Sie unterwegs aufgelesen haben. Überlegen Sie, welche Steine Ihnen in Ihrem Leben schon in den Weg gelegt wurden, was die Umstände, Menschen, Ereignisse waren, über die Sie gestolpert sind, über die Sie hinwegklettern mussten. Dann überlegen Sie weiter, aus welchem der »Stolpersteine« im Nachhinein Trittsteine geworden sind. Nehmen Sie einen der Steine, der für Sie ein solcher Trittstein war, und legen Sie ihn an einen Ort, an dem Sie ihn in schwierigen Zeiten im Blick haben. Wenn Sie mögen, reiben Sie den Stein mit einem wohlduftenden Öl ein, sodass er glänzt und sich von den übrigen Steinen abhebt.

Nehmen Sie nun den anderen Stein als Symbol für die Stolpersteine, die trotz allem geblieben sind, die Sie gerne loslassen, loswerden würden: Menschen, mit denen Sie nicht klarkommen, Eigenschaften an Ihnen selbst, die Sie gerne ändern würden ... Nehmen Sie sie mit ans Wasser, holen Sie weit aus und versenken Sie ihn. Dadurch wird sich das Problem zwar nicht erledigen, aber manchmal hilft eine solche symbolische Handlung, um die Dinge in Bewegung zu bringen oder zumindest noch einmal neu darüber nachzudenken, um eine Lösung zu finden.

Den Schmerz verwandeln

Wenn es mir möglich ist, nach dem Prinzip »Ich suche nicht, ich finde« zu leben, wird es mir mit der Zeit gelingen, offener an das, was mir in meinem Leben geschieht, heranzugehen. Dann brauche ich keinen detaillierten Lebensplan, sondern kann die Dinge mit größerer Gelassenheit auf mich zukommen lassen, ich kann mir etwas geschehen lassen. Im besten Fall gelingt es mir sogar, Pläne, Ideen, Wünsche scheitern zu sehen und darauf zu vertrauen, dass die Zukunft nun zwar anders als geplant, aber auch (wieder) schön werden wird – eine Einstellung, die meiner Ansicht nach sehr gut in Worte fasst, was der vielzitierte Begriff »Resilienz« bedeutet. Und eine Einstellung, die vor allem nach tiefgreifenden Veränderungen im Leben – der Verlust eines nahen Menschen, Trennung, Arbeitsplatzverlust – dabei hilft, wieder ins Leben, in einen neuen Alltag zu finden.

Wir müssen bereit sein,
uns von dem Leben zu lösen,
das wir geplant haben,
damit wir das Leben finden,
das auf uns wartet.
Oscar Wilde

Muschelperlen sind ein schönes Symbol hierfür: Sie entstehen aus einem Sandkorn oder einem anderen Fremdkörper, der in die Muschel eindringt und von ihr nicht mehr hinausbefördert werden kann. Also umgibt die Muschel den Gegenstand, der ihr in jeder Sekunde Schmerzen verursacht, mit Perlmutt. Aus den harten Kanten werden runde Formen, aus dem Schmerz entsteht eine wunderschöne Perle, etwas Kostbares, das die Muschel von allen anderen Muscheln unterscheidet. Und tatsächlich empfinden viele Menschen ähnlich, die Schmerzen aushalten müssen, sei es aufgrund des Verlusts eines geliebten Menschen oder der Trennung vom Partner, sei es aufgrund einer neuen Lebenssituation oder auch einer Krankheit. Sie sagen: Der Schmerz oder die Trauer ist etwas, das wie ein Sandkorn in uns gedrungen ist. Es hat unser Dasein auf den Kopf gestellt. Aber nach und nach haben wir gelernt, damit zu leben und den Schmerz mit unserem eigenen »Perlmutt« zu überziehen: Erfahrungen, die wir sonst nicht gemacht hätten, Begegnungen, die uns nicht widerfahren wären, Einsichten, die uns verschlossen geblieben wären, Tiefe im Leben, die wir sonst nie erreicht hätten. All das macht uns die »Perle«, die aus der Trauer entstanden ist, so wertvoll. Sie macht uns zu dem Menschen, der wir heute sind. Vieles in unserem Leben hätten wir nicht erreicht, wenn es diesen Verlust nicht gegeben hätte. Wir haben nicht darum gebeten und wir würden auch heute noch gerne auf die Erfahrung verzichten, aber sie hat etwas in unser Leben gebracht, das unbezahlbar ist.

Idee am Meer und für zu Hause

Gibt es in Ihrem Leben solche Perlen? Ereignisse, Erlebnisse, Begegnungen, die schwer oder schwierig waren und doch im Nachhinein für Sie kostbar geworden sind, weil daraus für Sie persönlich etwas erwachsen ist – eine Einsicht, eine Chance, ein Neuanfang –, das Ihnen sonst nicht möglich gewesen wäre?

Wenn Sie diese Erfahrungen »sichtbarer« gestalten wollen, suchen Sie sich eine ruhige, ungestörte Ecke. Nehmen Sie sich eine Kordel und ein paar Fundstücke aus dem Meer: Treibholzstückchen, Muscheln, Schneckenhäuser, Federn, kleine Steine mit Loch sowie ein paar Bastelperlen. Nehmen Sie die Kordel zur Hand und schauen Sie auf Ihr Leben zurück: Knüpfen Sie für schöne Erlebnisse, Begegnungen, für Menschen, die Ihnen wichtig geworden sind, einen Knoten hinein und/oder eines Ihrer Fundstücke, und für schwierige Ereignisse, die für Sie Perlen wurden, die kleinen Perlen. Schauen Sie zum Schluss auf die entstandene Kette und lassen Sie sie auf sich wirken.

Wenn Sie möchten, können Sie sich die Kette um das Handgelenk schlingen oder sie als Schmuck ans Fenster hängen, sodass Ihr Blick immer wieder einmal darauf fällt.

Vielleicht gibt es aber auch andere »Perlen« in Ihrem Leben: Erlebnisse oder Begegnungen, die Ihnen so kostbar sind, dass Sie die Erinnerung daran wie eine Perle im Herzen tragen. »Die Erinnerung ist das einzige Paradies, aus dem wir nicht vertrieben werden können«, meinte der Dichter Jean Paul. Niemand kann Ihnen diese Augenblicke nehmen.

Wenn Sie auch das etwas sichtbarer gestalten möchten, suchen Sie sich eine schöne Schachtel oder ein Holzkästchen, bemalen Sie es in Ihrer Lieblingsfarbe und bekleben Sie es, wenn Sie mögen, mit Muscheln und anderen Meeresschätzen. Legen Sie Ihre »Erinnerungsperlen« hinein: Zettel, auf denen Sie Stichwörter oder aber die ganze Erinnerung notieren; Steine, die Sie mit Stichwörtern beschriften; Strassperlen oder andere kleine (Edel-)Steine (gibt es im Bastelladen), an die Sie Ihre Erinnerung knüpfen. Wenn Ihnen eine neue »Erinnerungsperle« widerfährt, können Sie die Schatzkiste weiter auffüllen.

Frei werden

Die Offenheit, die aus der Haltung wächst, nicht das Bekannte zu suchen, sondern das Unbekannte geschehen zu lassen, bewahrt davor, in alten Mustern stecken zu bleiben, Dinge immer auf die gleiche Art zu tun nach dem Motto: »Das war schon immer so«. Sie bewahrt aber auch davor, ablehnend auf Menschen zu reagieren, die etwas anders tun oder verstehen als ich, und bringt mich dazu, neugierig auf die Welt zu bleiben, auf Begegnungen mit anderen Menschen, anderen Kulturen, anderen Landschaften und Denkweisen.

Eine solche Offenheit führt zur Freiheit, weil ich nicht mit vorgefertigten Bildern und Meinungen an etwas gehe, sondern mir und anderen die Möglichkeit schenke, unvoreingenommen eine eigene Meinung zu bilden. Sie schenkt mir die Freiheit, belastende Dinge loslassen zu können, um neue Erfahrungen zu machen oder vielleicht eine schlechte Erfahrung im zweiten Erleben in eine gute Erfahrung umzumünzen.

Das Meer ist der letzte freie Ort auf der Welt.
Ernest Hemmingway

Etwas von dieser Freiheit wird auch bei einem Spaziergang am Meer spürbar, weil die Landschaft so offen ist, vielleicht auch so leer, dass sie Platz bietet für Neues. Sie schränkt nicht ein, wie es ein dichter Wald scheinbar tut, sondern lässt den Geist weit werden. Vielleicht ist auch das der Perspektivänderung geschuldet: Man schaut nicht mehr ständig auf den Bildschirm oder das Blatt Papier, das vor einem liegt. Man fühlt sich nicht mehr begrenzt durch die vertrauten vier Wände. Plötzlich wird der Blick weit – und damit tauchen neue Möglichkeiten auf.

Es gibt jedoch Menschen, die die endlose Weite des Meeres beunruhigend finden, die sagen: Da findet das Auge keinen Halt, nichts, das Orientierung gibt, kein beschilderter Pfad, dem ich folgen kann. Ich glaube, das ist es, was Pablo Picasso meint, wenn er sagt: »Die Ungewissheit solcher Wagnisse können eigentlich nur jene auf sich nehmen, die sich im Ungeborgenen geborgen wissen, die in die Ungewissheit, in die Führerlosigkeit geführt werden.«

Freiheit ist kein einfacher Begriff. Viele sehnen sich danach, frei zu sein, das Gefühl zu genießen, an nichts gebunden zu sein, selbst entscheiden zu können, unabhängig zu sein, tun und lassen zu können, was sie wollen. Aber diese Sehnsucht hat auch eine Kehrseite: Ungewissheit, weil ich selbst entscheiden muss, was richtig und was falsch ist; Einsamkeit, weil alte Vertraute nicht bereit sind, meinen neuen Weg mit mir zu gehen; Ziellosigkeit, weil ich nicht mehr auf etwas zugehe, sondern mir die Dinge geschehen lasse. Bei vielen Menschen löst das eher Angst aus statt Freude über ihre Freiheit.

Joachim Ringelnatz bringt diese Erkenntnis sogar direkt mit den Steinen am Strand in Verbindung:

Steine am Meeresstrand

Steine schaumumtollt,
Zornig ausgerollt
Über Steine. –
Freiheit, die ich meine,
Gibt es keine.

Stille nun. Entbrandet
Ruht ihr, feucht umsandet,
Unzählbar gesellt,
Von der Zeit geschliffen
Oder kampfentstellt. –

Alle von der Welt
Lange rauh begriffen,
Schweigt ihr. –
Ihr begreift die Welt.

Wie ich euch sortiere,
Spielerisch verführt:
Früchte, Götzen, Tiere,
Wie es Phantasie so legt,
Habt ihr in mir aufgerührt,
Was seit Kindheit mich bewegt.

Spitze, trübe, glatte, reine,
Platte, freche, winzig kleine,
Ausgehöhlte, fette Steine,
Plumpe, schiefe, trotzig große –
Ja, ihr predigt ernst wie froh,
Meistens simpel, oft apart,
Weit umgrenzte, willenlose
Freiheit. – Predigt ebenso
Fromm wie hart.

Joachim Ringelnatz

Das ist vielleicht auch der Grund, warum beinahe jede Werbung mit dem Gefühl von Freiheit lockt, denn wir sind ständig unterwegs zu ihr, aber doch so wenige Menschen trauen sich wirklich, sie zu leben.

Der »Anker« unserer Ängste hält uns oft davon ab und lässt uns im Hafen dümpeln, denn es kostet Mut und Kraft, das sichere Land hinter sich zu lassen, aufs offene Meer hinauszufahren und auch mal gegen den Wind zu kreuzen.

Menschen – nicht-alltägliche Strandgäste

Bisher war oft die Rede von leeren Stränden, einsamer Landschaft, windigem, stürmischem Wetter. Doch für die allermeisten Menschen ist das, was sie mit dem Begriff »Meer« verbinden, tatsächlich das Gegenteil: Sonne und blauer Himmel und ein Strand, an dem man meist nicht einmal nach Mitternacht allein ist. Ich finde, auch das hat etwas ganz Besonderes.

Ich liebe das Wort »Sommerfrische«, das heute kaum mehr gebräuchlich ist. Für mich gibt es die Stimmung wieder, mit der die Menschen in ihren Urlaub aufbrechen und was sie sich von ihm erwarten. Und es klingt so leicht und unbeschwert, nach Eis und Freizeit, Wellen und Sonnencreme. Häufig sind Menschen am Strand auch genau so entspannt, wie das Wort klingt. Sie nehmen sich eine Auszeit vom Alltag und lassen sich einfach treiben.

Im Jetzt sein

Josy ist ungefähr 80 – eine Seniorin, wie man sie heute oft antrifft, fit und aktiv, und dennoch: Sie geht am Stock. Zur Sicherheit, wie sie sagt. Das hindert sie nicht daran, täglich im Hallenbad ihre Runden zu schwimmen, nahe am Beckenrand. Dabei begrüßt sie freundlich alle, die gleichzeitig am Schwimmen sind und den Kopf aus dem Wasser strecken. Sie selbst taucht ihn kaum mehr unter, ihre Bewegungen sind langsamer geworden, aber es ist ihr nicht mehr wichtig, schnell zu sein. »Jeden Tag hierher kommen zu können – das genügt«, sagt sie, »mehr braucht es nicht.« O ja, sie habe Recht, hört sie zur Antwort, obwohl jene, die es sagen, doch noch einiges mehr vom Leben erwarten. Josy kümmert das wenig. Sie ist dankbar für die Kraft, die ausreicht, sich täglich anzuziehen und aus dem Haus zu gehen, ins Bad zu kommen und zu schwimmen. Am nächsten Morgen ist sie wieder da.

»Wie schön es heute ist!«, ruft sie einer jungen Frau zu, die eben ins Schwimmbecken steigt. Sie sagt es, als hätte sie es nicht gestern schon genossen, als wäre sie noch nie in diesem Hallenbad gewesen. Am folgenden Tag begrüßt sie jenen Mann, der regelmäßig am Vormittag zum Schwimmen kommt. »Wir haben es gut«, sagt sie und streicht mit der Hand über den Wasserspiegel, »wir haben immer Ferien, gell, Karl?« Er zwinkert ihr freundlich zu, breitet die Arme aus und lässt sich vom Wasser tragen. Josy schwimmt auf dem Rücken, er auf dem Bauch.

»Auf Wiedersehen bis zum nächsten Mal«, tönt ihre Stimme aus der Garderobe, während sie sich ankleidet. Das nächste Mal ist der nächste Tag. Unter der Eingangstür grüßt Josy alle, die sie kennt. Und sie kennt fast alle. Jeder und jedem sagt sie, wunderbar sei es heute im Wasser gewesen. Sie sagt es, als wäre sie nur gerade heute hier, als wäre morgen kein Tag mehr und gestern keiner gewesen.

Vreni Merz

Eine Fähigkeit, die ich immer wieder bewundere: Sich sein Glück und all das Schöne, das man erlebt und sieht, nicht vom Rest verderben zu lassen, der vielleicht schwierig, stressig und unangenehm ist. Und: ganz im Augenblick sein zu können, einfach da und nur dort, wo man gerade ist.

Für mich ist das Meer noch immer der beste Ort, um genau das zu erleben: das Glück des Augenblicks. Es ist wirklich so: Sobald ich über die Dünen aufs Meer schauen kann, einmal tief einatme, bin ich da, ganz da, nirgendwo anders, weder mit dem Kopf, noch mit dem Herz oder dem Körper. Die Weite, die Leere, der Wind holen mich in den Augenblick zurück. Vielleicht liegt es daran, dass zumindest dort, wo kein »Strandbetrieb« herrscht, so wenig zu sehen ist, was vom Wasser und vom Strand ablenkt, was die Gedanken auf Wanderschaft gehen lässt.

Möglicherweise liegt es aber auch daran, dass man so selten Pläne schmieden muss am Meer. Besonders eindrücklich finde ich das, wenn ich für eine Zeit lang eine der Nordseeinseln besuche: Sie sind alle nicht besonders groß, sodass man an einem Tag nach rechts, am nächsten Tag nach links mit dem Fahrrad bis ans Ende der Insel fährt oder auch läuft. Es gibt meistens zwei oder drei Örtchen, einen Leuchtturm, vielleicht noch eine Art Meierei und ein Naturschutzgebiet. Damit hat man alles gesehen, was man an Attraktionen besichtigt haben muss. Und dann kann man entweder von vorne beginnen oder einfach in den Tag hinein leben, schauen, wie das Wetter ist und wozu man gerade Lust hat: spazieren gehen, lesen, faulenzen, im Strandcafé sitzen und Menschen beobachten, sich in die Sonne legen. Nichts muss, alles kann.

Wie anziehend, wie fesselnd sind doch Meer und Strand! Wie verliert man sich in ihrer Einfachheit, ja, in ihrer Leere!
Walt Whitman

Inseln scheinen mir deshalb manchmal auch im übertragenen Sinn Zeit-Inseln, Glücks-Inseln zu sein. Hier habe ich den Eindruck, dass die Tage mehr Stunden haben als zu Hause und die Stunden langsamer vergehen, weil sie mit so vielen Momenten gefüllt sind, an die ich mich genau erinnere, wenn ich wieder zu Hause bin. Wann hat man im Alltag schon mal die Möglichkeit, planlos zu sein, ohne dass das Chaos ausbricht?

Zu Hause gibt es selbst an freien Tagen immer etwas zu erledigen. Und wenn es keinen konkreten Plan gibt, quält man sich mit einem schlechten Gewissen, weil man doch mal wieder die Fenster putzen wollte, die Gartenmöbel streichen, Marmelade selber machen ... Im Urlaub auf einer Insel gibt es nichts zu tun, außer das, wozu man gerade Lust hat. Und auch nichts zu versäumen, außer dem Sonnenuntergang vielleicht. Und den gibt es morgen auch wieder.

An wenigen Orten sieht man jedoch auch so viele Urlauber, die tatsächlich den Moment genießen. Wunderbar finde ich die Väter und Mütter, die total versunken mit ihren kleinen Kindern im Sand sitzen und Burgen bauen oder Kanäle zum Strand und bis zur Hüfte im Matsch stehen. Sie lassen sich durch nichts ablenken und sind manchmal fast eifriger bei der Sache als ihre Kinder. Oder die, die minutenlang mit geschlossenen Augen in der Sonne sitzen und offensichtlich einfach nur das Licht und die Wärme genießen. Dazu all die versunkenen Eisschlecker und Muschelsucher, Strandläufer und In-den-Wellen-Tober – hier zumindest hat man oft den Eindruck, dass keiner etwas anderes tun möchte als das, was er gerade tut. Oder, wie es Susanne Niemeyer formuliert hat: »Glück ist, genau dort sein zu wollen, wo man gerade ist.«

Das ist es wahrscheinlich auch, was uns den Urlaub häufig so kostbar macht: dass es so viel unverplante Zeit gibt und so viele Möglichkeiten, im Augenblick zu versinken, ohne dass wir schon wieder auf die Uhr schauen müssen.

Ich glaube aber, dass sich diese Augenblicke auch im Alltag finden lassen. Man muss vielleicht ein bisschen genauer hinschauen. Und sich auch etwas mehr anstrengen, um Platz dafür zu machen. Aber wenn man einmal die richtige Brille dafür aufgesetzt hat, wird man ihnen an Orten und zu Zeiten begegnen, an denen man nicht mit ihnen gerechnet hat.

Wo sich Glück versteckt

barfuß über Tau gehen

Zuckerstückchen mit Kaffee

Sonnenuntergang

im See schwimmen

Hängematte im Schatten

wiedergefundenes Lieblingsbuch

Rad schlagen

Katzen kuscheln

Umarmungen

Grillen

Auf Bäume klettern

Schaukeln

Himbeeren ohne Sahne

Marmorkuchen von Mama

Schneemann bauen

Blaue Stunde

Muscheln sammeln

Buchhandlungen

handschriftliche Briefe

Milch mit Honig

frisch bezogenes Bett

Lindenduft

Leoni Frisch

Idee am Meer und für zu Hause

Erstellen Sie Ihre eigene »Glücksversteckliste«! Wo finden Sie in Ihrem Alltag Dinge, Begegnungen, Erlebnisse, die Sie glücklich machen, wenn auch nur für den Augenblick?

Wenn Sie das etwas spielerischer angehen möchten, hier eine Idee, die man auch gemeinsam mit anderen umsetzen kann: Schreiben Sie das Wort »Glücksverstecke« einmal genau so auf ein Blatt Papier:

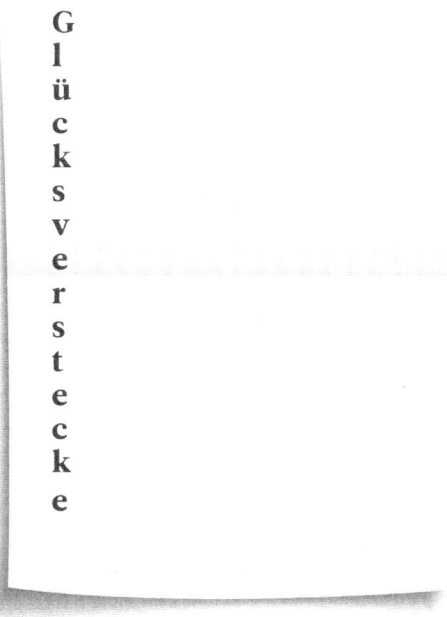

G
l
ü
c
k
s
v
e
r
s
t
e
c
k
e

Jetzt ergänzen Sie die einzelnen Buchstaben mit Ideen, wo sich für Sie Glück versteckt, also zum Beispiel:

Gezeiten

Lollies

Überraschungen

Caramel (man darf auch ein bisschen tricksen)

Kissenschlacht auf dem Sofa (es kann auch ein ganzer Satz sein)

Schreie der Möwen (und ein bisschen »umständlich« sein)

UnVerplante Zeit (der Buchstabe kann auch im Wort liegen)

Wenn Sie mögen, rahmen Sie sich die Liste ein, damit Sie gerade an schwierigen Tagen und in dunklen Zeiten darauf schauen können und eine Idee haben, wo sich heute ein Stück Glück für Sie verstecken könnte.

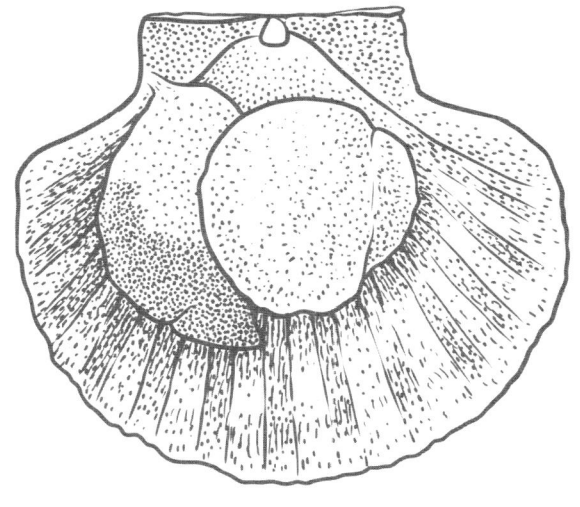

Nichtstun – Urlaub für die Seele und den Kopf

Wie der Fluss im Meer,
so findet unsere Arbeit ihre Erfüllung
in der Tiefe der Muße
Rabindranath Tagore

Wenn ich am Strand entlangspaziere und die Menschen beobachte, fällt mir immer wieder auf, dass dieser Ort noch auf eine andere Art und Weise eine Insel ist: eine Insel des Nichtstuns. Es gibt wirklich nur sehr wenige hier, die mit dem Laptop im Café oder der Strandbude sitzen und arbeiten, schon weil der Sand elektronischen Geräten nicht unbedingt zuträglich ist. Die allermeisten vergnügen sich tatsächlich mit Nichtstun – und in diesem Fall kann man das Zeitungs- und Bücherlesen, das Kreuzworträtsel-Lösen und das Spielen im Sand wohl dazuzählen.

Auf Städte- und Entdeckungsreisen gibt es immer etwas zu sehen und auch mit dem Kopf zu verarbeiten, ob das fremde Bräuche, Religionen, historische Ereignisse oder Kunst ist. Manchmal sind solche Reisen für Körper und Geist so anstrengend, dass man hinterher eigentlich Urlaub vom Urlaub bräuchte.

Am Meer dagegen gibt es den ganzen lieben langen Tag lang nicht viel zu tun für Kopf und Körper, außer gelegentlich in kaltes Wasser zu springen und am Strand entlang (bis zur nächsten Bude) zu laufen oder sich beim Rätselraten den Kopf über ein tropisches Tier mit fünf Buchstaben zu zerbrechen.

Manchmal ist es gar nicht so einfach, nichts zu tun. Wenn man aus einem durchgetakteten Alltag voller Termine und Verantwortungen kommt, braucht es eine Zeit, bis man sich so weit »heruntergefahren« hat, dass man die Zeit ohne Aufgabe und Zeitdruck auch genießen kann. Manche Menschen müssen das erst wieder lernen.

Am einfachsten ist das, wenn man kleine Kinder dabeihat oder sich ihnen anschließt. Sie haben keine Uhr und auch keine Idee davon, was »ich muss erst noch ...« heißt, sondern leben unmittelbar im Augenblick – und fordern das gerade angesichts eines so großen Sandkastens wie dem Strand auch sehr deutlich von den Erwachsenen ein. Mit kleinen Kindern an den Strand zu gehen bedeutet, sofort alle unnötigen Kleidungsstücke von sich zu werfen, endlich Eimer, Schaufel und Förmchen in die Hand zu nehmen und loszulaufen. Und dann: den Rest des Tages mit herrlich Zweckfreiem zu verbringen: Sandkuchen backen, Burgen bauen, Matschlöcher graben, Muscheln bestaunen, Krebseinzelteile suchen und zu einem neuen Tier zusammensetzen, vor Vergnügen quietschen, vor den Wellen davonrennen und den Wettlauf verlieren, im Sand sitzen und glücklich sein.

Was dieses Tun im Tiefsten von den Dingen unterscheidet, die wir im Alltag verrichten, ist wohl tatsächlich, dass sie zweckfrei sind. Sie geschehen einfach um ihrer selbst willen. Wenn wir zu Hause einen Kuchen backen, dann, um ihn zu verschenken oder weil Besuch kommt. Wenn wir im Garten graben, dann um dort einen Teich anzulegen oder ihn für das Frühjahr vorzubereiten. Wenn wir irgendwohin gehen oder fahren, dann um dort etwas zu tun. Es gibt an normalen Tagen wenige Dinge, die wir nur um ihrer selbst willen tun, sondern eben meistens, um etwas damit zu bezwecken. Und das ist im Tagesablauf und im Beruf auch sehr wichtig, sonst hätten wir unser Leben wohl kaum im Griff.

Das Spielen am Strand, das Einfach-nur-da-Sein im Urlaub ist aber wohl die notwendige Insel der Zweckfreiheit, die Körper und Seele brauchen, um wieder Kraft zu tanken, und die das Funktionieren im Alltag erst möglich machen. Ich stelle mir dabei immer vor, dass ich meinen »Vogel Geist« aus seinem Käfig lasse und er in vollen Zügen seine Freiheit genießen kann. Er fliegt einfach dorthin, wo es ihm gefällt, lässt sich da nieder, wo er etwas zu picken findet, und spielt mit dem Wind unter seinen Flügeln Fangen.

Irgendwie spürt dann auch der Körper diese Freiheit im Kopf. An einem leeren Strand überkommt mich dann manchmal die Lust, einfach loszulaufen auf die weite Fläche, den Platz zu nutzen und zu wissen, dass ich nirgendwo anstoße, dass ich einfach laufen kann, bis mir die Puste ausgeht.

Sommerfrische

Zupf dir ein Wölkchen aus dem Wolkenweiß,
Das durch den sonnigen Himmel schreitet.
Und schmücke den Hut, der dich begleitet,
Mit einem grünen Reis.
Verstecke dich faul in der Fülle der Gräser
Weil`s wohltut, weil`s frommt.
Und bist du ein Mundharmonikabläser
Und hast eine bei dir,
dann spiel, was dir kommt.
Und lass deine Melodien lenken
Von dem freigegebenen Wolkengezupf.
Vergiss dich. Es soll dein Denken
Nicht weiter reichen als ein Grashüpferhupf.

Joachim Ringelnatz

Ich habe das Gefühl, dass mein Geist durch diese »offener.
Käfigtüren« oder den freien Flug manchmal ganz neue
Sachen entdeckt, die mir auch durch Nachdenken nicht
begegnet oder einsichtig gewesen wären. Ich komme auf
neue Ideen und sogar auf Lösungen für Probleme, die mir
vorher unlösbar erschienen. Und es hat noch einen Effekt:
Zurück im Alltag, geht dann manchmal mühelos, womit
ich mich vorher herumgequält habe, und Dinge, die lästi-
ge Pflicht waren, machen plötzlich Spaß.

Ich denke, es ist nicht wichtig, was genau man tut, um seinen Geist »freizulassen« – spielen, in der Hängematte träumen, in der Sonne liegen, schnorcheln, Löcher in die Luft starren –, sondern nur, dass man ihm nicht vorschreibt, womit er sich zu beschäftigen hat, oder ihn nach dem Sinn und dem Zweck dessen fragt, was er gerade tut. Sich selbst die Freiheit zu schenken, das zu tun, worauf man gerade Lust hat, ist gar nicht so einfach, weil es ungewohnt ist, etwas absichtslos zu tun. Dass es gelingt, erkennt man vielleicht am ehesten daran, dass man die Zeit vergisst – und manchmal sogar den Ort, an dem man gerade ist. Und auch das kann man von kleinen Kindern ziemlich gut lernen.

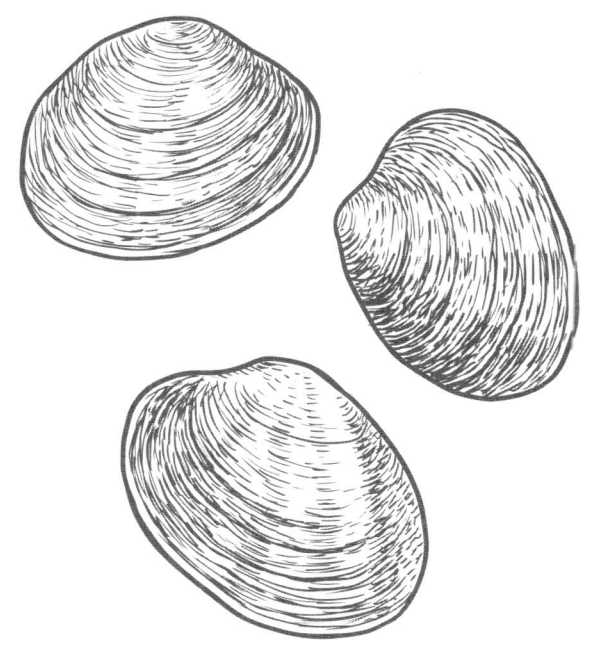

Idee am Meer

Versuchen Sie einmal – für eine Stunde, einen halben oder einen ganzen Tag, je nachdem, wie viel Zeit Sie am Meer haben –, Ihrem Kopf Urlaub zu geben und nur genau das zu tun, wonach Ihnen gerade ist. Ein paar Ideen: erst um zwei Uhr aufstehen und bis abends am Frühstückstisch sitzen; eine Sandburg bauen, mit oder ohne Kinder; auf einem Spielplatz die Schaukel entern und das Kribbeln im Bauch genießen, wenn man ganz oben ist; Muscheln und Möwenarten bestimmen; ein Gedicht auswendig lernen, das Ihnen besonders gut gefällt; Handstand am Strand üben, eine regionale Spezialität bestellen, die abenteuerlich klingt und die Sie noch nie gegessen haben …

Idee für zu Hause

Zu Hause muss man oft genug einfach funktionieren, weil die Arbeit erledigt werden und der Alltag von allen Beteiligten unter einen Hut gebracht werden muss. Aber auch dann kann man sich kleine »Löcher in der Zeit« schaffen, um den Geist freizulassen. Manchmal helfen schon »Mini-Auszeiten«, um den Kopf und den Körper kurz durchzupusten und anschließend wieder konzentrierter und vielleicht auch fröhlicher weiterzuarbeiten.

Ein paar Ideen: sich kurz auf den Boden legen, Augen schließen, eine Minute genießen und den Gedanken nicht vorschreiben, was sie zu tun haben; kurz in die Sonne setzen und die Wärme ganz bewusst spüren; seine Tasse Kaffee nicht nebenher trinken, sondern sich genüsslich auf das Aroma konzentrieren; in den Garten/auf den Balkon/ vor die Tür gehen und an etwas Blühendem riechen oder mit der Hand durch den Lavendel oder das Kräuterbeet gehen; zwei Minuten aus dem Fenster schauen und dem Leben draußen zusehen.

Haben Sie andere Ideen, was Ihnen guttun könnte? Probieren Sie es aus!

Genießen

Vor ein paar Jahren war ich auf der Fähre nach Juist unterwegs, und weil es draußen in Strömen goss, drängten sich die Passagiere ziemlich dicht unter Deck im Restaurant. Ich bekam mit, dass die Frau, die neben mir einen Stuhl ergattert hatte, ihrem Sitznachbarn erzählte, dass sie wegen der Gesundheitswoche in Juist sei. Ganz besonders würde sie sich für den Vortrag über gesunde Ernährung interessieren.

Einen Tag später machten wir nach einem langen Strandspaziergang in der Strandbude Halt. Am Nachbartisch erkannte ich eben jene Dame von der Fähre – und vor sich hatte sie ein Glas Cola und einen ziemlich großen Teller mit Pommes frites stehen, die sie mit einem unglaublichen Genuss verzehrte.

Ich musste beinah laut lachen – aber nicht, weil ich sie dabei »erwischt« hätte, sondern weil ich diesen Ausdruck auf ihrem Gesicht so wunderbar fand und ganz sicher so schnell nicht vergessen werde: Sie war völlig versunken im Moment und erfüllt von diesem Genuss, ein beinah seliges Lächeln lag auf ihrem Gesicht; ich habe selten jemanden so fröhlich essen sehen.

Gerade im Urlaub und am Strand habe ich das Gefühl, dass die meisten Menschen sich etwas gönnen, was sie sich sonst vielleicht verbieten, weil es zu teuer ist, zu viele Kalorien hat, ungesund ist oder nicht unbedingt nötig. Sie genießen einfach, ohne darüber nachzudenken. Und oft ist es genau das, was den Urlaub zu einer so besonderen Zeit im Jahr macht.

Ich möchte nicht der Völlerei das Wort reden oder dem Übermaß, aber mir fällt immer wieder auf, wie wenig Menschen sich beispielsweise im Restaurant das bestellen, was sie wirklich gerne essen, sondern das, was nicht zu viel ist, gesund und vernünftig. Oder schnell geht. Oder günstig ist. Essen und Trinken sind dann oft genug nur eine Notwendigkeit, aber kein Genuss, nichts, was Spaß macht oder mit Freude verbunden ist. Ein weiterer Punkt auf der Tagesordnung, der abgehakt wird wie Wäschewaschen oder das Meeting um halb drei.

Die Suppe des Meisters

Von einer Reise zurückgekehrt, erzählte der Meister von einer Begebenheit, die er für ein Gleichnis des Lebens hielt.

Während eines kurzen Aufenthaltes ging er an einen einladend aussehenden Essensstand, an dem köstliche Suppen, heißer Curry und alle möglichen verlockenden Gerichte angeboten wurden.

Er bestellte eine Suppe.

»Gehören Sie zu dem Bus?«, fragte fürsorgend die Bedienung. Der Meister nickte.

»Es gibt keine Suppe.«

»Heißen Curry mit gedämpftem Reis?«, fragte der Meister irritiert.

»Nein, wenn Sie zum Bus gehören. Sie können belegte Brote haben. Ich habe den ganzen Morgen gebraucht, um diese Speisen zuzubereiten, und Sie haben kaum zehn Minuten Zeit zum Essen. Ich möchte Sie kein Gericht verzehren lassen, für das Sie nicht die Zeit haben, es zu genießen.«
Anthony de Mello

Ich liebe es, im Urlaub in das Gesicht der Eisschlecker zu schauen – im Übrigen eine wunderbar sinnliche Form, etwas zu genießen, es direkt mit der Zunge aufzunehmen! –, die Pommestütenbesitzer beim freudigen Essen mit den Fingern zu beobachten, mich von den Aperitivtrinkern mit ihrem Lächeln auf den vom Sonnenuntergang beschienenen Gesichtern anstecken zu lassen. Es geht auch gar nicht um die Menge, sondern eigentlich nur um die Art und Weise, wie ich etwas genieße.

Es ist daher eigentlich auch unsinnig, sich etwas zu verbieten, egal ob Schokolade, Chips, süße Getränke oder Erdnussbutter. Wenn man das, was man isst, nicht in größeren Mengen in sich hineinstopft – denn dabei geht eindeutig der Genuss verloren –, sondern in kleinen Dosen genießt, kann man essen, worauf immer man Lust hat, ohne ein schlechtes Gewissen haben zu müssen, dass es zu fettig, zu süß, zu salzig oder einfach ungesund ist.

Ich würde mir in Kantinen und Restaurants, in Kneipen und an Imbissständen mehr Urlaubsstimmung wünschen: mehr Zeit, das Essen mit Freude zu genießen.

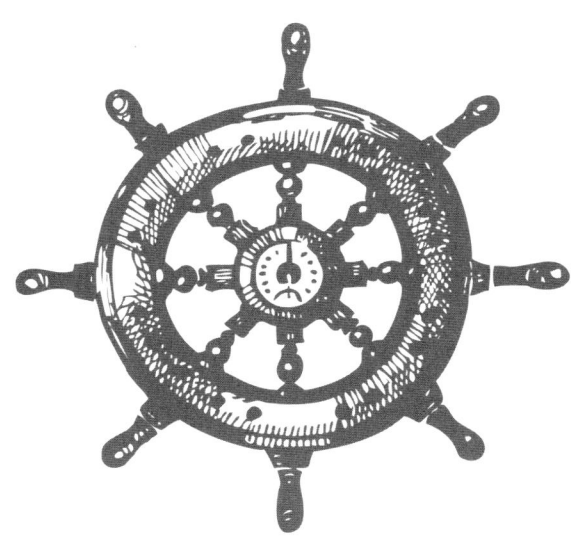

Idee am Meer

Lieblingsspeisen hat eigentlich jeder. Und häufig ist es etwas, das es nicht überall gibt oder das zum Beispiel am Meer am besten schmeckt, weil es besonders frisch ist oder auf eine besondere Art und Weise zubereitet wird: Krabbenbrötchen, Matjesfilet, Meeresfrüchtepasta ... Erlauben Sie sich einfach einmal, so oft Sie Lust darauf haben, von dem zu essen, wonach Ihnen am meisten der Sinn steht. Und sich daran auch satt zu essen. Solange Sie es genießen und es Ihnen jeden Tag wieder schmeckt, ist es nur der Kopf, der uns verbietet, es am nächsten Tag wieder zu tun. Geben Sie Ihrer Vorfreude nach!

Idee für zu Hause

Laden Sie Ihre Liebste, Ihren Liebsten oder die beste Freundin, den besten Freund zu einem besonderen Essen ein: Verbinden Sie ihm oder ihr am Tisch die Augen und geben Sie ihm oder ihr immer nur ein kleines Häppchen von dem, was Sie vorbereitet haben (Fingerfood eignet sich prima dafür oder Käse und Wurst, eingelegtes Gemüse oder Obst in kleinen Stücken), auf einen Teller und ins Glas. Lassen Sie die Gäste raten, was sie gerade essen, und versuchen Sie mit ihnen die verschiedenen Aromen der Speisen und Getränke herauszuschmecken.

Schiffe

und Vögel

*Man darf das Schiff nicht an einen einzigen Anker
und das Leben nicht an eine einzige Hoffnung binden.*
Epiktet

Wenn ich am Meer entlangwandere, beobachte ich oft die Segelboote. Für mich sind sie nicht nur ein Symbol für Freiheit, sondern auch für die Fähigkeit, sich im »Ungeborgenen geborgen« zu fühlen. Sie sind so etwas wie eine »kleine Heimat« auf dem riesigen Meer, etwas, das uns sicher wieder in einen neuen Hafen bringt, das einerseits den Stürmen und den Elementen ausgeliefert ist, sie aber andererseits auch zu nutzen weiß, um seinen Weg zu machen.

Zu Unbekanntem aufbrechen

Segelboote erinnern mich immer an die frühen Seefahrer und Entdecker und ihren Aufbruch ins Unbekannte. Um es mit den Worten von André Gide zu sagen: »Man kann keine neuen Ozeane entdecken, hat man nicht den Mut, die Küste aus den Augen zu verlieren.«

Die Küste aus den Augen zu verlieren meint die Bereitschaft, wie einst Vasco da Gama und Christoph Columbus in Unbekanntes aufzubrechen, sich auf etwas einzulassen, das man sozusagen noch nicht sehen kann, das sich noch nicht am Horizont abzeichnet, von dem man nicht weiß, wie es aussehen wird. Dazu gehört der Mut und auch die Kraft, das »Dazwischen« auszuhalten, einem Neuen Raum zu geben, zu entstehen oder »sich im Dunkeln einem unsichtbaren Stern überlassen, die sich vom Ziele ziehen lassen und nicht – menschlich beschränkt und eingeengt – das Ziel bestimmen«, wie Pablo Picasso sagt und wie es Seefahrer damals und heute noch tun.

Das ist keine einfache Situation: Dieses »Dazwischen« auszuhalten und darauf zu vertrauen, dass etwas gut werden wird, auch wenn es dafür keine Garantie gibt, scheint mir gerade heute eine schwierige Aufgabe zu sein. Wir sind in vielen Belangen unseres Lebens darauf gepolt, dass wir für alles einen Plan haben: einen Fahrplan für den Zug, einen Lebensplan für Beziehung und Karriere, einen Urlaubsplan, der schon vor Weihnachten für den kommenden Sommer festgezurrt wird, einen Kursplan für den Sport und sogar einen Leseplan für die tägliche Meditation. Wenn etwas »Außerplanmäßiges« passiert, fällt es vielen Menschen schwer, damit umzugehen und sich darauf einzulassen, was dann geschieht oder geschehen könnte.

Doch für mich meint die Bereitschaft, in Unbekanntes aufzubrechen, noch mehr: Wie die frühen Seefahrer, so weiß auch ich nicht, was mich hinter dem Horizont erwartet und wie es aussehen wird. Ich weiß nicht einmal, ob mich dort etwas erwartet. Und trotzdem wage ich die Fahrt, denn es könnte sein, dass ich neue Ozeane entdecke, neue Länder, etwas, das so gut, so schön ist, wie ich es mir nie vorzustellen gewagt habe. Vielleicht kommt aber auch nichts, dann habe ich trotzdem die Fahrt genossen, dann habe ich viel erlebt auf dem Ozean – war deshalb die Reise weniger schön?

In zwanzig Jahren wirst du mehr enttäuscht sein über die Dinge, die du nicht getan hast, als über die Dinge, die du getan hast. Also löse die Knoten, laufe aus aus dem sicheren Hafen. Erfasse die Passatwinde mit deinen Segeln. Erforsche. Träume.

Mark Twain

Immer wieder kehren sich Menschen von ihrer Religion ab, weil ihnen oder ihnen Nahestehenden etwas zugestoßen ist und sie einfach keine Antwort finden auf Fragen wie: Wie kann ein Gott, der angeblich Liebe ist, das zulassen? Warum trifft das mich oder meine Lieben? Was soll der Sinn sein, der in diesem schlimmen Erlebnis liegt?

Den Mut zu haben, die Küste aus den Augen zu verlieren, heißt für mich in diesem Zusammenhang: Ich muss keine Antwort auf diese Fragen haben. Es gibt Dinge, die sind einfach in sich sinnlos, und deshalb muss ich auch keinen Sinn hineinlesen.

Rainer Maria Rilke hat das in einem Brief an einen jungen Verwandten in einfache und schöne Worte gefasst:

Sie sind so jung, so vor allem Anfang, und ich möchte Sie, so gut ich es kann, bitten, lieber Herr, Geduld zu haben gegen alles Ungelöste in Ihrem Herzen und zu versuchen, die Fragen selbst liebzuhaben wie verschlossene Stuben und wie Bücher, die in einer sehr fremden Sprache geschrieben sind. Forschen Sie jetzt nicht nach den Antworten, die Ihnen nicht gegeben werden können, weil Sie sie nicht leben könnten. Und es handelt sich darum, alles zu leben. Leben Sie jetzt die Fragen. Vielleicht leben Sie dann allmählich, ohne es zu merken, eines fernen Tages in die Antwort hinein.

Rainer Maria Rilke

Die Fragen leben – keine einfache Anleitung, aber sicher eine, die einen in schweren Momenten davon abhalten kann, am Schicksal zu verzweifeln oder an der Frage nach dem Warum zu verbittern. Wenn ich das Vertrauen fassen kann, dass ich vielleicht irgendwann, aber nicht jetzt eine Antwort auf meine Frage bekomme, oder damit lebe, dass es offene Fragen in meinem Leben gibt, kann ich die Fragen loslassen, das Sinnsuchen aufgeben und die Dinge einfach geschehen lassen. Mit diesem Vertrauen mache ich mich auf zu neuen Horizonten. Und selbst, wenn der Wind dann noch immer scharf bläst und ich Stürme überstehen muss, kann ich die Fahrt auch wieder genießen.

Engel des Vertrauens

In stürmischen Zeiten
wünsche ich dir den Engel des Vertrauens,
der dich wie ein Anker
am Grund hält.

Er sei dir der Boden
unter deinen Füßen,
wenn der Wind
aus Meinungen und Möglichkeiten
dich hin- und herreißt,
du nicht mehr weißt,
wo oben und unten ist,
ob du auf einer Welle reitest
oder in ein Tal stürzst.

Er bewahre dich
vor Untergang und Verlorengehen,
sei dir Kompass
und ein sicherer Hafen.

Leoni Frisch

Die Sehnsucht freilassen

Unser Wille ist nur der Wind,
der uns drängt und dreht;
weil wir selber die Sehnsucht sind,
die in Blüten steht.

Rainer Maria Rilke

Wenn ich am Meer bin und mein Blick immer wieder zum weit entfernten Horizont geht, wenn ich die Leere und die Weite des Strandes und des Wassers betrachte, spüre ich häufig ein unbestimmtes Ziehen in der Herzgegend. Ich nenne es meine »Schwalbe«, der Zugvogel in mir, der in solchen Augenblicken unruhig wird, weil er seinen ureigenen Instinkt spürt: Wenn die Zeit gekommen ist, bricht er auf und macht sich auf die Reise. Es ist die Sehnsucht, die in solchen Moment mein Herz füllt – und ich bin sicher nicht die Einzige, die sie gerade am Meer so deutlich zu spüren bekommt.

»Ich möchte gerne noch segeln lernen«, denke ich dann. »Aber bin ich dazu nicht längst zu alt? Am liebsten würde ich einmal vier Wochen auf dem Wasser verbringen, vielleicht Wale beobachten und zählen. Aber wer verdient dann mein Geld in der Zeit? Und nach Übersee würde ich auch gerne reisen, nach Boston und Kanada. Aber der Flug ist so lang ...«

In den allermeisten Fällen hat unser Kopf für all unsere Sehnsüchte gleich ein »Aber ...« parat. Wir finden immer einen Grund, warum unser Traum eine Sehnsucht bleiben muss und sich nicht in die Realität umsetzen lässt. Häufig sind es aber eher Ausreden und nicht wirklich der Grund dafür, warum wir etwas nicht in Angriff nehmen. Es steckt unsere eigene Angst dahinter, etwas zu tun, was wir noch nie getan haben oder einfach unseren Alltag, unsere Lebenszusammenhänge zu ändern, selbst wenn wir uns darin nicht wohlfühlen.

Manchmal staune ich dann über die Macht, die solche Ängste und Bedenken haben. Aber manchmal ist die Zeit auch reif, macht die »Schwalbe« in unserem Herzen sich tatsächlich auf den Weg. »Alles beginnt mit der Sehnsucht«, schreibt Nelly Sachs. Und ich glaube wirklich, dass sie eine der größten Kräfte ist, die der Mensch besitzt. Der Sehnsucht allein ist es möglich, dass die Hoffnung auf ein anderes, besseres Leben, der Wunsch nach Veränderung irgendwann die Angst vor dem Unbekannten und dem Loslassen besiegen kann und Menschen aus dem Gewohnten, aus ihren Sicherheiten aus- und aufbrechen.

In dieser verändernden Kraft liegt der Unterschied zu einfachen Wünschen: Wünsche wollen etwas »haben«, wollen Erfüllung in dem Sinn, wie ich etwas suche, von dem ich genau weiß, wie es aussehen soll. Sehnsüchte dagegen haben kein konkretes Ziel im Sinne eines Gegenstands oder eines genauen Zustands. Sie sind, wie Pablo

Picasso sagt, wie der Aufbruch ins Ungewisse, »das Neue, auch in der Bewegung. Alle Wege sind offen, und was gefunden wird, ist unbekannt. Es ist ein Wagnis, ein heiliges Abenteuer!« Und folge ich erst einmal meiner Sehnsucht, so kann es sein, dass ihre Erfüllung vielleicht mein ganzes Leben auf den Kopf stellt.

Wenn Du ein Schiff bauen willst, dann trommle nicht Männer zusammen, um Holz zu beschaffen, Aufgaben zu vergeben und die Arbeit einzuteilen, sondern lehre die Männer die Sehnsucht nach dem weiten, endlosen Meer.
Antoine de Saint-Exupéry

Sehnsucht schafft, was keine noch so strengen Regeln und Vorschriften erreichen und was nicht für Geld zu haben ist: dass ein Mensch eine Aufgabe angeht, Verantwortung übernimmt, eine Idee verwirklicht, sie vor Kritik und Zerstörung beschützt und für etwas einsteht. Die Sehnsucht, die stärker geworden ist als die Angst, lässt sich auch nicht davon abhalten, dass etwas unmöglich oder ausweglos scheint. Sie ist der Wind in unseren Segeln, das, was uns den Anker lichten lässt und uns selbst bei Sturm dazu bringt, hinaus aufs Meer zu fahren.

Doch wie gelingt es, gegen die Angst vor dem Unbekannten, gegen die vielen »Aber« unseres Verstandes die Kraft der Sehnsucht zu entdecken? Ich glaube, dass es dazu zwei Dinge braucht: Stille und Geduld.

Still werden

Wirkliche Stille ist am Meer selten zu finden. Meistens weht ein mehr oder weniger heftiger Wind, der nicht nur in den Ohren braust, sondern auch die Dinge in der Umgebung bewegt: die Masten der Schiffe, die aneinanderklimpern, das Rauschen im Dünengras oder in den Bäumen nahe des Strandes. Wenn er auch das Meer bewegt, kommt noch das Rauschen und Tosen des Wassers hinzu. Um Ruhe zu haben, braucht es aber gar nicht unbedingt äußere Stille, sondern zunächst einmal das Alleinsein mit sich. Das meint nicht nur, dass man allein unterwegs ist, sondern auch »bei sich«: keine Musik, keine sozialen Netzwerke oder Videos, die ablenken, nur ich mit mir selbst. Es gibt wenige Orte, die sich dazu besser eignen, als ein Strand, an dem wir allein spazieren gehen.

In der Stille dieses Alleinseins werden oft zunächst viele Stimmen im Inneren laut – gerade wenn es darum geht, über die eigenen Sehnsüchte nachzudenken. Vielleicht ist es am Anfang schwer, die Wünsche von den Sehnsüchten zu trennen. Eine einfache Übung kann dabei helfen.

Idee am Meer und für zu Hause

Hören Sie auf Ihrem Spaziergang zunächst einmal geduldig allem zu, was jetzt in Ihnen laut wird: »Ich wollte schon immer mal ...«, »eigentlich hatte ich vor ...«, »ich hätte so gerne noch ...«. Lassen Sie alles nebeneinander stehen, tun Sie nichts als zu banal oder kindisch oder negativ ab. Stellen Sie sich nun vor, dass Sie im hohen Alter auf Ihr Leben zurückschauen: Was von dem, das als Wunsch oder Sehnsucht in Ihnen jetzt da ist, wäre Ihnen wirklich wichtig, dass es in Ihrem Leben einen Platz gefunden, Wirklichkeit geworden wäre? Auf was könnten Sie bei genauerem Hinsehen auch verzichten?

Ist etwas dabei, das so in Ihrem Herzen brennt, dass Sie das Gefühl hätten, etwas Wesentliches verpasst zu haben, wenn es nur eine Sehnsucht in Ihrem Herz bliebe? Wenn ja, überlegen Sie einmal, was Sie davon abhält, es zu verwirklichen, und ob es nicht doch eine Möglichkeit gibt, die Veränderung anzustoßen und umzusetzen.

Notieren Sie Ihre Sehnsüchte auf einem kleinen Zettel, selbst wenn Ihnen keine Möglichkeit eingefallen ist, das, was Sie so bewegt, in die Realität umzusetzen.

Falten Sie nun aus dem Zettel ein Papierschiffchen und geben Sie es zusammen mit ein paar Muscheln und Steinen, die Sie am Strand gefunden haben, in ein Glas mit Deckel. Stellen Sie Ihr »Flaschenschiff« an eine Stelle, auf die Ihr Blick immer wieder fällt. Es kann sie daran erinnern,

dass ein Schiff Wasser und Wind braucht, um zu segeln –
so wie Ihre Wünsche Ideen brauchen, wie Sie sie umsetzen
können. Und vielleicht tun sich so mit der Zeit Mittel und
Wege auf, Ihre Sehnsucht doch zu verwirklichen.

Vielleicht können Sie diese Spaziergänge mit sich selbst
zu einem kleinen Ritual machen. Gehen Sie einfach in die
Stille und horchen Sie in sich hinein. Das muss nicht jeden
Tag sein und auch nicht lange, aber wenn Sie es schaffen,
einmal in der Woche eine Viertelstunde für das Hören auf
sich selbst frei zu halten, werden Sie spüren, dass Sie näher an sich selbst sind und dem, was Sie sich für Ihr Leben
von Herzen wünschen.

Perlen finden

Wenn du dir eine Perle wünschst,
such sie nicht in einer Wasserlache.
Denn wer Perlen finden will,
muss bis zum Grund des Meeres tauchen.
Rumi

Geduld haben

Ein Zweites ist, wie oben erwähnt, die Geduld, die unbedingt dazugehört, wenn Sehnsüchte Wirklichkeit werden sollen. Schon im Alten Testament gibt es diesen wundervollen Text im Buch Kohelet:

Alles hat seine Stunde und für jedes Vorhaben unter dem Himmel gibt es eine Zeit:
eine Zeit zum Gebären und eine Zeit zum Sterben,
eine Zeit zum Pflanzen und eine Zeit, die Pflanzen abzuernten,
eine Zeit zum Töten und eine Zeit zum Heilen,
eine Zeit zum Einreißen und eine Zeit zum Bauen,
eine Zeit zum Weinen und eine Zeit zum Lachen,
eine Zeit zum Klagen und eine Zeit zum Tanzen,
eine Zeit zum Steinewerfen und eine Zeit
zum Steinesammeln,
eine Zeit zum Umarmen und eine Zeit,
sich der Umarmung zu enthalten,
eine Zeit zum Suchen und eine Zeit zum Verlieren,
eine Zeit zum Aufbewahren und eine Zeit zum Wegwerfen,
eine Zeit zum Zerreißen und eine Zeit zum Nähen,
eine Zeit zum Schweigen und eine Zeit zum Reden,
eine Zeit zum Lieben und eine Zeit zum Hassen,
eine Zeit für den Krieg und eine Zeit für den Frieden.
Kohelet 3,1–8

Auch wenn das oft schwerfällt: Manche Dinge kann man einfach nicht »machen«. Der Strandhafer oder der Sanddorn auf den Dünen brauchen eine bestimmte Zeit, um zu wachsen und zu reifen. Diese Zeit kann man trotz modernster Technik, trotz Düngung und Züchtung nicht verkürzen oder beschleunigen.

Ähnlich ist es mit zwischenmenschlichen Dingen. Alles hat seine Zeit: Das Werden wie das Vergehen, das Umarmen und das Lösen einer Umarmung, das Weinen und das Lachen. Und so braucht auch das, was in einem Leben neu werden soll, was sich als Sehnsucht verwirklichen will, seine Zeit. Es gibt kein Maß dafür, wann diese Zeit reif ist, wann der Wind der Veränderung so bläst, dass er unsere Segel füllt. Meister Eckhart meint:

Und plötzlich weißt du:
Es ist Zeit, etwas Neues zu beginnen
und dem Zauber des Anfangs zu vertrauen.
Meister Eckhart

Im »Dazwischen«, im Nicht-mehr-und-Noch-nicht, haben wir oft das Gefühl: den richtigen Augenblick gibt es nicht. Es sind so viele Dinge, die erst noch erledigt oder durchlebt werden müssen. Aber wenn der Augenblick da ist, spüren wir sehr deutlich: Jetzt gibt es kein Zurück mehr, jetzt ist es Zeit.

Einmal

Einmal

wird sich

der Himmel öffnen

dort

wo die Nacht

am tiefsten ist:

in der Muschel

schimmert

die Morgenröte

und in unseren Händen

liegt

die Perle

eines neuen Tages.

Isabella Schneider

Die Angst loslassen

Um den Anker zu lichten und die Segel zu setzen, muss man erst die Angst überwinden, dass das, was man in diesem Moment zurücklässt, verloren ist, und daran glauben, dass das, was einen an Neuem erwartet, wirklich besser ist als das, was man gerade hinter sich gelassen hat. Eine Garantie dafür gibt es nicht. Wer das Loslassen einübt, wird spüren, dass die Angst kleiner wird und es einem mit der Zeit deutlich leichter fällt.

Schon als kleiner Mensch macht man die Erfahrung, dass Loslassen unglaublich viel Freiheit schenken kann: den Beckenrand loslassen und es juchzend genießen, dass das Wasser einen trägt; wenn Papa das Fahrrad loslässt, erstaunt feststellen, dass man auf zwei Rädern allein unterwegs sein kann; Mamas Hand loslassen und auf der Schaukel in den Himmel fliegen. Sicher funktioniert vieles nicht gleich beim ersten Mal, und zum Loslassen gehören blaue Flecke, aufgeschürfte Knie und vielleicht auch mal ein ausgeschlagener Zahn. Jedoch auch das Gefühl von Freiheit, Selbstständigkeit und Lebensfreude. Vielleicht ist es das, was Pablo Picasso meint, wenn er sagt, dass der Mensch, der findet, statt zu suchen, »in aller Angst des Loslassens doch die Gnade des Gehaltenseins im Offenwerden neuer Möglichkeiten erfährt«. Auf dem Weg ins Erwachsenenleben geht uns häufig der Kindermut verloren, etwas loszulassen und darauf zu vertrauen, dass es schon gutgehen wird – oder in Kauf zu nehmen, dass wir uns eben blaue Flecken holen, aber trotzdem immer wieder aufstehen und wir unser Ziel erreichen. Irgendwann überwiegt das Bedürfnis nach Sicherheit das Bedürfnis nach Freiheit und die Neugier auf das Unbekannte.

Ohne ein gewisses Maß an Sicherheit können nur wenige Menschen leben, und ich denke, ein gewisses Streben nach Sicherheit ist sogar überlebenswichtig. Aber es geht nicht nur darum, ab morgen ein Leben in der Wildnis zu führen oder ein Sabbatjahr in Neuseeland zu verbringen, sondern auch um die Kleinigkeiten, die »Anhänglichkeiten« im ganz normalen Alltag. Ich mache mir das oft bewusst, wenn ich einen Tag draußen unterwegs bin: Morgens packe ich meinen Rucksack und überlege mir, was ich unbedingt brauche, um mir nicht zu viel Last auf den Rücken zu laden, aber gleichzeitig für möglichst viele Eventualitäten gerüstet zu sein: Sonne, Regen, Kälte, Hunger, Durst, eine Verletzung. Mich erstaunt es immer wieder, wie wenig man tatsächlich braucht, selbst bei einer mehrtägigen Wanderung – natürlich nur, wenn man den Luxus genießen darf, abends in einer Pension einzulaufen und ein Bett und eine Dusche sowie ein Abendessen sicher zu haben.

Eigentlich ist das ein schönes Bild, das sich auf den Alltag übertragen lässt. Die Frage ist auch hier: Was muss in meinen »Lebensrucksack«, um in meinem Alltag einerseits nicht zu viel Gepäck mit mir herumzuschleppen, andererseits aber auch für die Herausforderungen im Leben gerüstet zu sein?

Idee am Meer und für zu Hause

Suchen Sie sich einen ruhigen Platz und nehmen Sie ein Glas oder ein kleines Säckchen sowie Stift, mehrere Blätter Papier und eine Schere mit.

Stellen Sie sich vor, Sie brechen zu einer Tagestour auf und müssen Ihren Rucksack packen. Was nehmen Sie mit? Für mich gehört gewöhnlich hinein:

Trinkflasche

Proviant

Pflaster

Wanderkarte

Taschentücher

Schokolade oder ein anderer kleiner Luxus

Warme Jacke

Kopfschutz

Regenschutz

Schreiben Sie dann die Begriffe linksbündig auf ein Blatt Papier. Überlegen Sie weiter, was in Ihrem »Lebensrucksack« nicht fehlen darf: Was müsste darin unbedingt vorhanden sein, damit Sie Ihren Weg ohne Angst und ohne Mangel gehen können (Auto, Haus, Job, Kinder, Partner, Reisen, Freunde ...)? Schreiben Sie diese Begriffe rechtsbündig auf das Blatt. Versuchen Sie nun, die Begriffe, die Sie zuerst gefunden haben (Trinkflasche, Proviant etc.) zu übertragen und zusammenzuführen: Was ist also Ihr »Proviant« – vielleicht die Freunde, die Sie begleiten? Oder das tägliche Brot, das Sie selbst verdienen können? Was ist Ihre »Schokolade« oder Ihr »kleiner Luxus«, der zwar nicht unbedingt lebensnotwendig ist, auf den Sie aber auf keinen Fall verzichten möchten – vielleicht das Haustier oder der Sport, das Hobby oder der Garten?

Schneiden Sie nun die einzelnen Begriffe aus und befüllen Sie damit Ihren »Lebensrucksack« (also das Glas oder das Säckchen).

Nehmen Sie von Zeit zu Zeit diesen »Lebensrucksack« noch einmal zur Hand und überlegen Sie, ob das, was dort steht, so noch stimmt oder ob sich verändert hat, was Sie auf Ihrer Lebensreise unbedingt brauchen.

Annehmen lernen

Zum Loslassen gehört noch ein weiterer, auf den ersten Blick widersprüchlicher Aspekt: das Annehmen. Anselm Grün findet dafür treffende Worte:

Loslassen ist etwas anderes als Loswerden. Viele wollen negative Symptome, an denen sie leiden, loswerden. Sie wollen ihre Angst loswerden, ihre Eifersucht, ihren Neid. Aber es gibt ein Grundgesetz des menschlichen Lebens: Ich kann nur loslassen, was ich angenommen habe. Was ich loswerden will, das schaue ich nicht an. Ich brauche die Demut, mir einzugestehen: In mir ist Angst, Eifersucht, Neid, Ärger, Unzufriedenheit. Nur wenn ich das eingestehe und mich darin annehme, kann ich es loslassen. Was ich loswerden will, das bleibt an mir hängen oder es kommt wieder zu mir zurück.

Anselm Grün

Materielle Dinge loszulassen fällt den meisten Menschen deutlich leichter, als den eigenen emotionalen Ballast anzuerkennen. Das sind sicher nicht nur unsere Eigenschaften, die wir nicht mögen, sondern gerade auch die anderer Menschen, an denen wir uns immer wieder stoßen. Einen Weg zu finden, mit dem Anderssein eines Menschen umgehen zu lernen, ihn zumindest so zu akzeptieren und zu respektieren, wie er ist, ist oft eine Sisyphosaufgabe. Das mag auch daran liegen, dass der andere, an dem ich mich immer wieder reibe, häufig so etwas wie ein Spiegelbild ist: Es sind genau die Dinge, die ich an mir selbst nicht mag, die ich vielleicht auch weiterhin nicht annehmen kann, die mich an ihm stören. Aber wenn es gelingt, schenkt es einem unglaubliche Freiheit: Man kann seine eigene Energie für andere Dinge einsetzen, als immer wieder gegen die gleiche Mauer zu rennen.

Verzeihen können

In diesen Zusammenhang gehört auch ein weiterer Aspekt des Loslassens: das Vergessen-Können. Das meint die Fähigkeit, etwas gut sein zu Lassen und endlich darauf zu verzichten, die immer gleichen Geschichten wieder auszugraben und anderen vorzuhalten:

Wie kann ich erwarten, dass sich das Wohlgefühl einstellt, wenn ich alles, was mich ärgert und verletzt, hingebungsvoll sammle und dann allabendlich im Museum meiner Kränkungen kummervoll vor den Vitrinen stehe?

Aber wenn es mir gelingt, das, was geschehen ist und sich nicht mehr ändern lässt, gelassen dem Strom der Zeit anzuvertrauen, kann ich meine Sorgen und Traurigkeiten auf seinen Wellen davontanzen sehen wie Papierschiffchen. Wenn sie nicht bald schon sinken, wird die Zeit sie irgendwo hinter dem Horizont weiter bis ins Meer tragen. Doch dann werde ich längst nicht mehr wissen, dass es sie gab ...

Hannah Valentin

Auch wenn es erst einmal seltsam klingt, aber letztlich ist ein solches »Kränkungsmuseum« eine besondere Form, die Beziehung zu dem Menschen, der in meinen Augen schuld daran ist, aufrechtzuerhalten. Ich bleibe sozusagen weiter an ihm und seinen Taten kleben, und der Schmerz, die Scham, die Wut, die die Kränkung in mir ausgelöst haben, werden tatsächlich »einbalsamiert«. Diese Gefühle werden nicht vergehen, bis ich es schaffe, mich davon frei zu machen und sie zu verzeihen. Verzeihen oder vergessen erleichtert vor allem dem, der es tut, das Leben, nicht nur oder nicht vor allem dem, der verletzt hat. Es ist, wenn man so will, eine Form, die Souveränität für das eigene Leben zurückzugewinnen und dem, der einen verletzt hat, nicht die Macht, die Verantwortung für das eigene Weiterleben zu überlassen. Henry Ward Beecher hat diese Erfahrung treffend in Worte gefasst: »Jeder Mensch sollte einen nicht zu kleinen Friedhof besitzen, auf dem er die Fehler seiner Freunde begräbt.«

Deutlich schwächer, aber ebenfalls in diesen Zusammenhang gehört die Neigung, sich immer und über alles Sorgen zu machen: über das Wetter von morgen, den gefährlichen Schulweg der Kinder, die Schnecken im Salat, die Blase am Fuß, den Kontostand. All das gehört sicher zu unserem Leben dazu, und es ist manchmal auch ein gutes Gefühl, dass es jemanden gibt, der sich um mich sorgt, dem ich eben nicht egal bin. Aber es gibt auch Sorgen. die einfach überflüssig sind, weil ich keinen Einfluss darauf habe und mir deshalb auch den Kopf darüber nicht zerbrechen muss.

Wenn ich mich um etwas sorge, versuche ich, mit etwas umzugehen, es »in den Griff« zu bekommen. Es gibt aber noch immer viele Dinge in unserem täglichen Leben, die wir nicht beeinflussen können, sondern einfach geschehen lassen müssen – ob uns das passt oder nicht.

Das Wetter ist ein harmloses Beispiel, es wird jedoch sofort schwieriger, wenn es um den Ausgang einer Operation oder die Heimfahrt bei schlechtem Wetter geht. Wir können beste Bedingungen für alles schaffen, aber wie es dann am Ende wird, liegt nicht in unserer Hand.

Vielleicht ist das sogar die schwerste Übung für uns Menschen: in das Vertrauen zu finden, die Dinge geschehen zu lassen und dann damit zu leben.

Wachsen und Welken

Das Wachsen und Welken im Garten lässt sich nicht beobachten, aber es geschieht. Der Gärtner schaut zu. Es ist ein wahres Schauen, denn er beobachtet keine Bewegung, keinen Fortschritt; er erkennt die Bewegung des Wachsens erst über lange Zeitspannen hinweg.

Welch eine Befreiung, dass das Wesentliche ohne uns geschieht! Wir umhegen und pflegen nur das Wunderbare. Zum Gartenkosmos gehören Sonnenhitze und Winterfrost. Dieser Kosmos bleibt trotz allem, das sich nicht entfalten und keine Früchte bringen konnte, lebendig und vollständig, eine kleine göttliche Schöpfung. Im Garten gibt es im Grunde keine Enttäuschungen, keine Niederlagen wie bei unseren kreativen und gesellschaftlichen Tätigkeiten.

Martin Kämpchen

Idee am Meer und für zu Hause

Vielleicht haben Sie Lust, noch einmal ein paar Schiffchen zu basteln? Überlegen Sie, welche Eigenschaften Sie an sich selbst stören und mit welchen es Ihnen schwerfällt, sich auszusöhnen. Notieren Sie diese auf einem Blatt. Notieren Sie auf einem weiteren Blatt Papier die Kränkungen oder Verletzungen, die immer wieder in Ihnen auftauchen und bei denen es Ihnen schwerfällt, sie wirklich zu verzeihen oder sie zu vergessen. Schreiben Sie auf ein drittes Blatt Papier die Sorgen, die sich immer wieder in Ihrem Kopf herumdrehen, obwohl Sie eigentlich wissen, dass Sie sich unnötigerweise den Kopf anderer Leute zerbrechen oder über Dinge nachdenken, die Sie nicht in der Hand haben.

Falten Sie dann aus den Papierbögen Schiffchen und lassen Sie sie an einem Ort am Meer, an dem Sie allein sind, oder zu Hause in einem Fluss oder See schwimmen. Das Wasser wird sie nicht nur davontragen, sondern wahrscheinlich auch recht bald aufweichen und auflösen.

Das Aufschreiben und der symbolische Akt werden vielleicht etwas in Ihnen in Bewegung bringen, etwas verändern können, was Ihnen vorher unmöglich erschien.

Einfach leben

Im Moment gibt es einen Trend, der all das aufgreift: Minimalismus oder Downshifting. Es geht dabei darum zu überlegen: Was brauche ich wirklich? Was ist eher Ballast, den ich mir sparen möchte? Dabei stehen nicht nur Konsumprodukte im Vordergrund wie ein Auto, ein Haus, Kleider, Smartphones oder Ähnliches. Es geht auch darum, den Lebensstil an sich zu ändern, vom »Haben« zum »Sein« zu kommen: mehr Zeit für die Menschen zu haben, die einem wichtig sind, sich sozial zu engagieren, mit der Natur und den natürlichen Ressourcen schonender oder bewusster umzugehen, also regional einzukaufen und zu kochen. Dazu gehört auch, kaputte Gegenstände zu reparieren statt neu zu kaufen, Dinge aus zweiter Hand zu kaufen oder einfach auszuleihen, wenn man sie braucht.

Als echter Philosoph, der er war, glaubte Sokrates, ein weiser Mensch würde instinktiv ein einfaches Leben führen. Er selbst pflegte noch nicht einmal Schuhe zu tragen. Und doch fühlte er sich immer wieder vom Marktplatz angezogen und besuchte ihn oft, um die dort angebotenen Waren zu betrachten.

Als einer seiner Freunde ihn fragte, warum er das täte, sagte Sokrates: »Ich gehe gerne hin, um festzustellen, wie viele Dinge es gibt, ohne die ich phantastisch auskomme.«
Anthony de Mello

Minimalismus ist keine Entdeckung unserer Zeit. In der Geschichte gab es immer wieder Menschen, die aus religiöser oder philosophischer Überzeugung freiwillig ein bescheidenes Leben ohne große Besitztümer führten. Einer der berühmtesten Vertreter war Diogenes, der der Legende nach im antiken Griechenland in einer Tonne wohnte. In der christlichen Tradition waren es beispielsweise die sogenannten Wüstenväter, die im 3. Jahrhundert nach Christus abseits der Städte und Dörfer als Asketen und oft auch als Einsiedler in der Wüste wohnten. Im Mittelalter beschlossen Franz von Assisi und seine Gefährten, ohne Eigentum zu leben und nur von dem zu leben, was ihnen geschenkt und gespendet wurde. Sie alle waren der Überzeugung, dass der Verzicht auf überflüssiges Eigentum Freiheit schenkt. Um es mit einem etwas veralteten Begriff zu sagen: Sie wollten den materiellen Dingen und dem Streben der Welt nach immer mehr nicht »anhangen«.

Ich finde das ein schönes Wort: anhangen oder anhängen. Jemand, der anhänglich ist, ist dem Sprachgebrauch nach zwar lieb und nett, aber er ist einem auch ein bisschen lästig, weil er einem zu nah auf die Pelle rückt und einen über die Maßen in Anspruch nimmt. Und es beschreibt etwas, das sich von außen an mich oder etwas anderes »an-hängt«, also nicht zum Eigentlichen gehört und in gewisser Weise auch ein Gewicht mehr bedeutet.

Übertragen auf das Bild des Schiffes, muss ich dabei immer an die Fender denken: Sie dienen als Abstandhalter, aber auch als Puffer, damit der Rumpf des Schiffes nicht beschädigt wird, wenn der Wellengang es gegen den Steg drückt. Sobald der Kapitän jedoch den Mut hat, den Anker zu lichten, loszulassen und aufs offene Meer hinaus zu segeln, braucht es die Fender nicht mehr, sodass sie gut verstaut werden müssen, um nicht ständig im Weg herum zu liegen. Vielleicht ist es mit den »Anhänglichkeiten« in unserem Leben ganz ähnlich ...

Zufrieden sein

Eine Haltung, die eng mit dem Loslassen und auch mit Minimalismus verbunden ist, die es heute aber oft etwas schwer hat, ist die Zufriedenheit. Das liegt vielleicht daran, dass in unserer an Konsum orientieren Gesellschaft sozusagen als Subtext die Botschaft transportiert wird: Zufriedenheit darf es nicht geben, weil man dann nichts mehr einkauft, nicht mehr nach mehr strebt. Das spüre ich auch in der ständigen Aufforderung zur Optimierung: meiner eigenen Person, meines Zeitmanagements, meiner Lebensgestaltung. Immer soll ich noch mehr aus mir herausholen, produktiver werden, meine Zeit besser nutzen. Und fast automatisch beginne ich dann, mich mit anderen Menschen zu vergleichen.

Wenn ich zulasse, dass ich mit dem Vergleichen beginne, ist das jedoch der sicherste Weg in mein Unglück. Denn es wird immer jemanden geben, der sportlicher ist als ich, der besser kochen kann, der schlanker ist, mehr Geld verdient, eine schönere Wohnung hat und es scheinbar einfacher hat im Leben als ich. Dann werde ich immer das Gefühl haben, dass ich keinen Grund habe, zufrieden zu sein, weil mir immer noch etwas zu meinem Glück fehlt.

Um noch einmal auf den Text von Pablo Picasso zurückzukommen: Für mich steckt auch das in der Formulierung: »Ich suche nicht, ich finde.« Denn wenn ich nach etwas suche, dann empfinde ich es als Mangel, dass ich es noch nicht habe: das passende Kleid, das neue Auto, den

Sinn meines Lebens, den Traummann. Wenn ich dagegen etwas finde, dann entdecke ich etwas, das mir dazugeschenkt wird. Und vielleicht ist das sogar etwas, was ich längst habe, von dem ich aber gar nicht wusste, dass ich es besitze, oder mir dessen einfach nicht bewusst war:

Der verborgene Schatz

Eines Nachts wurde dem Rabbi Isaak im Traum gesagt, er solle in das weit entfernte Prag reisen und dort unter der Brücke, die zum Königspalast führt, nach einem verborgenen Schatz graben. Er nahm den Traum nicht ernst, aber als er ihn fünf bis sechsmal hintereinander träumte, entschloss er sich, die Suche nach dem Schatz aufzunehmen.

Als er zu der Brücke kam, fand er sie zu seinem Entsetzen Tag und Nacht schwer bewacht von Soldaten. Er konnte lediglich aus der Entfernung auf die Brücke starren. Aber da er sich jeden Morgen dort einstellte, trat der Hauptmann der Wache eines Tages zu ihm und fragte nach dem Grund. Rabbi Isaak war zwar verlegen, dass er einer fremden Seele seinen Traum erzählen sollte, aber da ihm der gutmütige Christ sympathisch war, offenbarte er sich ihm. Der Hauptmann brüllte vor Lachen und sagte:

»Großer Gott! Ihr seid ein Rabbi und Ihr nehmt Träume ernst? Wenn ich so dumm wäre, mich nach meinen Träumen zu richten, würde ich heute in Polen herumwandern. Ich will Euch einen erzählen, den ich letzte

109

Nacht hatte und der häufig wiederkehrt: Eine Stimme sagt mir, ich solle nach Krakau gehen und in der Küchenecke eines gewissen Isaak, Sohn des Ezechiel, nach einem Schatz graben! Wäre es nicht die dümmste Sache der Welt, in Krakau nach einem Mann namens Isaak zu suchen, und nach einem anderen, der Ezechiel heißt, wenn dort die Hälfte der männlichen Bevölkerung den einen Namen trägt und die andere Hälfte den anderen?«

Der Rabbi war starr vor Staunen. Er dankte dem Hauptmann für seinen Rat, eilte nach Hause, grub ein Loch in seiner Küche und fand dort einen so großen Schatz, dass er bis zu seinem Tode ein sorgenfreies Leben führen konnte.

Anthony de Mello

Das Suchen ist für mich etwas, was ich mit Sorgenfalten auf der Stirn tue, weil ich etwas verloren oder eben noch nicht habe. Im Finden steckt dagegen schon die Freude über das, was ich entdeckt habe, vielleicht auch deshalb, weil ich gar nicht damit gerechnet habe. Das kann eine besonders schöne Muschel sein, die ich am Strand finde, vielleicht sogar ein Bernstein mit einer Fliege darin, es kann aber auch das ansteckende Lächeln eines anderen Menschen in der U-Bahn sein, der Schokoladenkeks, den mir der Kollege zum Kaffee schenkt, die Achterbahnfahrt, die mir plötzlich keine Angst mehr, sondern nur noch grenzenloses Vergnügen macht.

Zufriedenheit hat deshalb auch nur bedingt etwas mit Haben oder Nichthaben, mit Armut oder Reichtum zu tun, sondern eher mit unserem Verständnis davon: Was macht mich arm, was macht mich reich? Was brauche ich, um mich beschenkt und reich zu fühlen, was lässt mich einverstanden sein mit meinem Leben, was lässt mich Mangel empfinden? Was brauche ich, um »gut« zu leben? Dazu fällt mir immer wieder die Geschichte vom Hemd des Glücklichen ein:

Das Hemd des Glücklichen

Ein Zar lag schwerkrank im Bett und versprach: »Die Hälfte meines Reiches will ich demjenigen geben, der mich wieder gesund macht!« Daraufhin versammelten sich alle Weisen des Landes und überlegten, wie sie dem Zaren helfen könnten. Aber keiner hatte eine Idee. Nur einer meinte: »Wenn man einen glücklichen Menschen findet, ihm sein Hemd auszieht und es dem Zaren überwirft, dann wird er gesund werden.« Also schickte der Zar Boten aus, die in seinem großem Reich nach einem glücklichen Menschen suchen sollten.

Doch sie fanden keinen einzigen Menschen, der mit seinem Leben wirklich zufrieden und daher glücklich gewesen wäre. Der eine war zwar gesund, aber bettelarm. Und wenn einer sowohl gesund als auch reich war, dann taugte seine Frau nichts oder seine Kinder waren missraten. So hatte jeder einen guten Grund, sich zu beklagen. Doch eines Abends ging der Zarensohn an einer armseligen Hütte vorüber hörte drinnen jemand sagte: »Nun ist Gott sei Dank meine Arbeit geschafft, ich habe gut verdient, ich bin satt und kann mich nun ruhig schlafen legen. Was sollte ich mich sonst noch wünschen? Ich wüsste nichts!« Der Zarensohn freute sich sehr und eilte gleich nach Hause. Nach seiner Rückkehr in den Palast befahl er, diesem Mann sein Hemd auszuziehen und ihm dafür so viel Geld zu geben, wie er haben wollte, egal, wie viel, und dem Zaren das Hemd zu bringen.

Die Boten eilten zur Hütte dieses glücklichen Menschen, um gegen viel Gold und Silber sein Hemd für den Zaren einzutauschen. Doch der Glückliche war so arm, dass er gar kein Hemd besaß!

Nach Leo Tolstoi

Das entspricht auch der Erfahrung vieler, die in den ärmsten Gegenden der Welt unterwegs sind und bemerken, dass die Menschen, die am wenigsten haben, oft den Moment und die kleinen Freuden des Lebens besser wertschätzen können als die Reichen dieser Welt. Mir ist aufgefallen, dass mit dem großen Geld auch die Angst Einzug hält in das Leben reicher Menschen. Einerseits ist es die Angst, den Reichtum wieder zu verlieren, finanziell auf das falsche Pferd zu setzen und plötzlich ohne dazustehen. Andererseits befürchten viele, dass manche Menschen, mit denen sie näher zu tun haben, nur an ihr Geld möchten, es sich erschmeicheln wollen, und dass sie nur um des Geldes willen geliebt werden.

Mit den eigenen Reichtümern zufrieden zu sein - ob es dabei nun um Geld oder Begabungen oder andere kostbare Dinge geht - und damit gut zu leben, ohne Angst, Neid und Gier nach mehr, ist wohl eine echte Kunst.

Idee am Meer und für zu Hause

Vielleicht haben Sie Lust, nach einem Strandspaziergang Ihre »Schätze« zu betrachten, die Sie am Strand aufgelesen haben. Überlegen Sie, für welche Schätze, welchen Reichtum sie in Ihrem Leben stehen: Die glänzende Muschelschale für all die glänzenden Augenblicke, die Ihnen im Gedächtnis geblieben sind. Die kleinen runden Steine oder Schneckenhäuser für die Menschen, die Ihnen nah sind und Ihr Leben reich machen. Das Stück Treibholz für den Garten, der Ihnen mit seiner Pracht und den Früchten so vieles schenkt ... Sie können die Fundstücke auch mit einem wasserfesten Stift beschriften – als Gedächtnisstütze – oder mit dem Taschenmesser oder einem anderen spitzen Gegenstand die Begriffe hineinritzen. Oder Sie behalten es ganz bewusst nur im Gedächtnis. Basteln Sie aus allen Fundstücken ein Mobile. Es sieht wunderschön aus und kann so etwas wie eine »sichtbare Schatzkiste« für Sie sein.

Gezeiten

Der Wind treibt die Wellen in immer neuen Anläufen aufs
Ufer zu, wo sie mit Getöse brechen.
Das ewige Spiel von Werden und Vergehen.
Das uralte Zwiegespräch zwischen Meer und Land.
Lorenz Marti

Der Begriff »Gezeiten« ist für mich nicht nur mit dem
Meer verbunden, sondern auch eins der tiefsten Symbole
in unserem menschlichen Leben. Vielleicht ist deshalb das
Meer für mich ein mystischer Ort, an dem etwas Tieferes
durchscheint, das mit Worten schwer zu fassen ist.

Unser menschliches Leben ist gekennzeichnet von
verschiedenen »Gezeiten«: Geborenwerden und Sterben,
Werden und Vergehen in der Natur, Freude und Trauer,
Abschied und Neubeginn, Zeit und Ewigkeit. Immer bil-
den beide Pole ein Ganzes, wie bei den Gezeiten: Ebbe ist
ohne Flut nicht zu haben und umgekehrt, aber auch die
Freude nicht ohne die Trauer, das Werden nicht ohne das
Vergehen, der Neubeginn nicht ohne den Abschied.

Häufig picken wir uns nur das heraus, was uns angenehm ist, und möchten die andere Seite gerne aus unserem Leben heraushalten. Ich finde es nicht einfach, beides
als ein Ganzes zu sehen. Mir hilft die Vorstellung, dass diese Gezeiten eine Art Ein- und Ausatmen in unserem Leben

sind: Sie sind lebensnotwendig, sie kommen und gehen wie der Atem.

Die Gezeiten sind für mich auch generell ein Bild für das Werden und Vergehen in der Natur, in unserem Kosmos, in den wir als Menschen eingebunden und dessen Gesetzte wir unterworfen sind. Im folgenden Kapitel soll es daher um das Meer als einen Ort gehen, an dem ich als Mensch meiner Endlichkeit begegne – und dem, was darüber hinausgeht und bleibt.

Rhythmus

Haben Sie nie bemerkt, dass die Leute draußen am offe-
nen Meer einen besonderen Menschenschlag bilden? Es
ist beinah, als lebten sie des Meeres eigenartiges Leben.
Nicht bloß in ihrem Fühlen, auch in ihrem Denken ist
Wellengang und Ebbe und Flut.

Henrik Ibsen

Selbst wenn man nicht am Atlantik lebt, bestimmt der
Rhythmus der Gezeiten einen, wenn man nur ein wenig
Zeit dort verbringt. Das ist manchmal schon bei der Hin-
fahrt spürbar, weil die Zeiten, in denen die Fährfahrten
stattfinden können, an den Wasserspiegel, also an Ebbe
und Flut gebunden sind.

Ich weiß noch, als ich zum ersten Mal mit meinen El-
tern in der Normandie Urlaub machte. Den ganzen Tag
hatte ich mich aufs Meer gefreut, auf die Wellen, das
Schwimmen, das glitzernde Wasser. Als wir endlich an-
kamen, war das Meer weg! Es sah aus, als sei es ausge-
trocknet, bis zum Horizont war nichts als Watt zu sehen.
Hier sind die Gezeitenunterschiede so groß, dass das Meer
völlig aus dem Blickfeld verschwindet. Besonders deutlich
wurde mir das in den Häfen an der französischen Küste,
wenn bei Ebbe die Becken völlig leerliefen und die Schiffe
wie gestrandete Wale auf dem Trockenen lagen.

Er wird mir immer etwas Wunderbares sein, dieser so

ursprüngliche, unveränderliche Rhythmus. Und ich kann mir gar nicht vorstellen, dass man in unmittelbarer Nähe zum Meer anders lebt als in diesem Rhythmus, bis nicht nur im Fühlen, sondern auch im Denken »Wellengang und Ebbe und Flut« sind. Und ähnlich sinnierte schon Christian Morgenstern: »Wenn man berechnet hat, dass die Erde unter dem Einfluss des Mondes ihre Ebbe und Flut hat wie das Meer, so frage ich, warum nicht auch das menschliche Blut und Gehirn seine Gezeiten haben sollte.«

Spannend finde ich, dass der Mensch auch heute noch auf die Gezeiten keinen Einfluss hat. Es geschieht einfach, und das beinahe unverändert seit Beginn der Welt. Sicher liegen dem kosmische Kräfte und geografische Notwendigkeiten zugrunde, aber es bleibt trotzdem etwas, das mich staunen lässt, gerade angesichts der vielen Veränderungen, der unsere Welt von Anfang an unterworfen war und noch immer unterworfen ist.

Werden und Vergehen

Ähnlich ist es mit den Tages- und Jahreszeiten und mit dem Werden und Vergehen aller Lebewesen auf der Erde: Auf all das hat der Mensch auch nach so vielen Jahren Forschung und Fortschritt keinen oder nur sehr geringen Einfluss. Es sind Rhythmen, die ihn und sein Leben in der Welt mit bestimmen, ob er will oder nicht.

Sicher ist es uns gelungen, uns gegenüber unseren Ahnen deutlich unabhängiger von diesen Rhythmen zu machen: Wir können es durch Strom und Licht taghell machen in der Nacht, wir sind zum Kochen und Wärmen nicht mehr auf das Feuer angewiesen, wir bekommen Früchte und Gemüse aller Art auch außerhalb ihrer Reifezeit. Auf vieles davon wollte ich nicht mehr verzichten, und ich glaube, das geht den allermeisten Menschen so.

Allerdings spüren wir doch immer wieder, dass wir ein Stück weit gegen unseren ursprünglichen Rhythmus leben, wenn wir den Rhythmus der Natur aus den Augen verlieren.

Leben in den Rhythmen der Natur muss auch nicht heißen, im Winter zu frieren, sondern kann stattdessen bedeuten, möglichst ressourcenschonend zu leben, indem man zum Beispiel lokal und saisonal Lebensmittel einkauft, um lange Transportwege zu vermeiden, oder erneuerbare Energien nutzt. Die zahlreichen Windmühlen an der Küste sind ein wunderbares Beispiel, wie wir die Kraft der Natur zur Energiegewinnung nutzen können. Leben im Rhythmus der Natur kann aber auch bedeuten, die Feste im Jahreskreis erneut mehr in den Blick nehmen, ihre oft tief in der Menschheitsgeschichte verankerten Wurzeln neu zu entdecken und sie erneut in den eigenen Alltag zu integrieren.

Im inneren Rhythmus des Menschseins zu leben kann bedeuten, das eigene Alter und die damit verbundenen Stärken und Schwächen anzunehmen und mehr den eigenen Kräften und Ressourcen gemäß zu leben, als sich von außen durch Erwartungen und Ansprüche bestimmen zu lassen. Und es kann heißen, was die Menschen im Mittelalter die »Ars moriendi«, die Kunst zu Sterben, nannten: sich einzuüben und einverstanden zu sein, dass wir von unserer Geburt aus auf das Sterben zugehen und dass es durch nichts aufzuhalten ist. Das meint nicht, dass ich mich nicht mehr am Leben freuen darf oder es keine Rolle mehr spielt, ob ich glücklich bin oder nicht, weil ich am Ende sowieso sterben muss. Vielmehr bedeutet es, meine eigene Endlichkeit zu akzeptieren, mir einzugestehen, dass ich nicht ewig leben werde, und daher die Zeit, die mir gegeben ist, genieße. Und so zu leben, dass ich, egal, wie alt ich werde, auf ein erfülltes Leben zurückschauen kann. Jörg Zink hat das in einem Segenstext in wunderbare Worte gefasst:

Segen

Schöpfer meiner Stunden und meiner Jahre,
du gibst mir viel Zeit.
Sie liegt hinter mir. Sie liegt vor mir.
Sie war mein, sie wird mein sein
und ich habe sie von dir.
Ich danke dir für jeden Schlag der Uhr.
Er ist ein Schritt auf deinem Weg mit mir.

Ich bitte dich nicht um mehr Zeit,
als du mir beschieden hast.
Ich bitte aber um viel Achtsamkeit,
den Anruf jeder Stunde zu hören.

Ich bitte dich, dass ein wenig meiner Zeit
frei ist von Befehl und Pflicht.
Ein wenig für Stille.
Ein wenig für das sorglose Spiel
und viel für die Menschen,
die einen Tröster brauchen.

Ich bitte dich um Sorgfalt,
dass ich meine Zeit nicht töte,
nicht verderbe oder vertreibe.
Jede Stunde ist ein Streifen Land.
Ich möchte sie öffnen mit dem Pflug,
möchte Liebe hineinwerfen,
Gedanken und Gespräche,
damit Frucht aus ihr wächst.
Segne du meinen Tag.
Jörg Zink

Ein Leben, das sich mehr an den äußeren und inneren Rhythmen orientiert, in die wir gestellt sind, heißt, auch dem Vergehen, dem Immer-Weniger und Immer-Schwieriger, beispielsweise im Alter, einen Platz und seine eigene Würde zu geben. Das meint, dass wir alte, kranke und sterbende Menschen wieder mehr in den Mittelpunkt der Gesellschaft rücken, ihnen ebenso viel Zuwendung und Unterstützung und gesellschaftlichen Raum geben wie den übrigen. Es bedeutet aber auch, auf eine ganz andere

Weise ein ganzheitliches Leben zu führen, das die Tatsache des Vergehens nicht nur akzeptiert, sondern sie als ebenso wertvollen Teil eines Ganzen sieht wie das Werden.

Einatmen, ausatmen

Manchmal kommen mir in diesem Zusammenhang die Gezeiten vor wie der Atem der Welt: So, wie schon die Wellenbewegung dem Rhythmus es Ein- und Ausatmens gleicht, gleichen die Gezeiten dem Ein- und Ausatmen der Erde.

Das sollen wir regelmäßig und bewusst tun:
einatmen und ausatmen.
Im Atem können wir den Fluss des Lebens
in uns spüren.
Im Atem begegnen wir dem göttlichen Urgrund
und der ewigen Schöpferkraft.
Wenn du das Göttliche erfahren willst,
dann spüre einfach den Wind in deinem Gesicht
und die Sonne auf deiner Haut.
Gautama Buddha

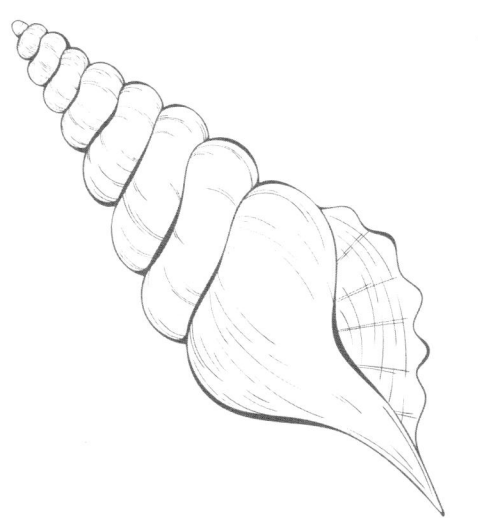

Am Meer habe ich das Gefühl, dass ich mit dem Ursprung an sich in Berührung komme – meinem eigenen und dem der übrigen Welt. Etwas, das weiteratmet in der Schöpfung, das in der Welt ist und gleichzeitig darüber hinausgeht, spürbar ist und Geheimnis bleibt.

»Wenn du das Göttliche erfahren willst, dann spüre einfach den Wind in deinem Gesicht und die Sonne auf deiner Haut«– genau so fühlt es sich am Meer an. Es ist, als könnten wir dort noch mehr spüren als den Wind und die Sonne auf der Haut, als würde im Meer etwas auf- oder durchscheinen, das tiefer ist, unergründlich wie die Tiefe des Wassers.

Das Meer ist von einer ähnlichen Ursprünglichkeit wie das Atmen, etwas, das nicht nur zum Leben dazugehört, sondern grundsätzliche Voraussetzung dafür ist. Und bleibend überlebenswichtig. Am Meer ist es beinahe so, als könnte man in den Gezeiten, dem Ein- und Ausatmen des Meeres, das Leben schlechthin spüren. Manche nennen es auch Gott.

Engel der Sehnsucht

Manchmal ergreift uns
eine fast unstillbare Sehnsucht:
am Meer,
beim Blick in den Nachthimmel,
der mit Sternen übersät ist,
wenn sich der Horizont
unendlich vor uns zu dehnen scheint.
Wir können sie nicht in Worte fassen,
noch genau sagen, wonach wir uns eigentlich sehnen.
Ist es vielleicht ein tief sitzendes Heimweh
nach der Unendlichkeit,
weil wir irgendwann aus ihr geboren wurden?

In diesen Augenblicken wünsche ich dir
den Engel der Sehnsucht.
Er ist der Funke des ganz Anderen in dir
und erinnert dich daran,
dass du als Mensch ausgespannt bleibst
zwischen Himmel und Erde.

Leoni Frisch

Ewigkeit

Das Meer ist keine Landschaft,
es ist das Erlebnis der Ewigkeit.
Thomas Mann

Wahrscheinlich ist es das scheinbar Endlose vieler Landschaften am Meer, die uns das Gefühl von Ewigkeit, von Grenzenlosigkeit vermitteln. Zudem verschwimmen Horizont und Meer je nach Wetter und Sonneneinstrahlung oft in eins, es kommt einem vor, als ob Himmel und Wasser eine Einheit bildeten oder die Kategorien von »oben« und »unten« aufgehoben seien. Und auch das Gefühl von Zeitlosigkeit, von »ewigem Augenblick«, ist am Meer immer wieder spürbar. Man fühlt sich in einem »ZwischenRaum«: zwischen Wachen und Traum, »Nicht-mehr« und »Noch-nicht«, vielleicht auch zwischen Leben und Tod.

In den antiken Mythologien, aber auch in der Traumdeutung und den Märchen finden sich in Bezug auf den Tod und dem, was danach kommt, viele Symbole, die im Zusammenhang mit Wasser oder mit Meer stehen, beispielsweise der Fährmann, der in seinem Boot die Toten am Ufer abholt, um sie auf die andere Seite zu bringen. Dabei ist das Wasser immer die Grenze zwischen der Welt der Lebenden und der der Toten, etwas, das diese beiden

Welten unüberwindbar voneinander trennt. Gleichzeitig steht das Wasser, das Meer für das Unbewusste in uns Menschen, das Unergründliche, das wir nicht mit dem Verstand steuern können und uns beispielsweise in den Träumen begegnet.

Leben und Tod sind eins, so wie der Fluss und das Meer eins sind. Traut den Träumen, denn in ihnen ist das Tor zur Ewigkeit verborgen.

Khalil Gibran

Weil der Moment so unwirklich scheint am Meer, hat man tatsächlich manchmal das Gefühl, sich in einem Traum zu befinden. Und damit vor dem Tor zur Ewigkeit zu stehen.

Angesichts des Meeres wird mir immer wieder sehr eindrücklich bewusst, dass das Leben auf der Erde ein Kreislauf ist, ein Werden und Vergehen, ein Kommen und Gehen. In diesem Sinn sind das Leben und der Tod ähnlich wie die Gezeiten eins: zwei Pole eines Ganzen, das nicht trennbar ist, bei dem eins nicht ohne das andere existiert. Und was ich daran beinahe am Tröstlichsten finde, ist, dass nichts vom Leben und auch nichts vom Tod verloren geht: Alles kehrt dahin zurück, aus dem es geworden ist. Und alles entsteht erst, weil anderes vergangen ist und den Nährboden bildet, aus dem wieder Neues werden kann. Beides zusammen, Leben und Tod, bilden das Lebendige. Und sind darin eins.

Was ist Sterben?

Ein Schiff segelt hinaus und ich beobachte,
wie es am Horizont verschwindet.
Jemand an meiner Seite sagt: »Es ist verschwunden.«
Verschwunden wohin?
Verschwunden aus meinem Blickfeld – das ist alles.
Das Schiff ist nach wie vor so groß wie es war,
als ich es gesehen habe.
Dass es immer kleiner wird und es dann völlig
aus meinen Augen verschwindet, ist in mir,
es hat mit dem Schiff nichts zu tun.
Und gerade in dem Moment, wenn jemand neben mir
sagt,
es ist verschwunden,
gibt es andere,
die es kommen sehen, und andere Stimmen,
die freudig aufschreien: »Da kommt es!«
Das ist Sterben.

Charles Henry Brent

Geheimnis

Je älter ich werde, desto schwerer tue ich mich mit dem Wort oder dem Begriff »Gott«. Doch vor Jahren hat mir Pater Meinrad, ein Mönch im Kloster Münsterschwarzach, in einem Gespräch über die dunklen Seiten Gottes ein Bild mit auf den Weg gegeben, an dem ich seither herumdenke und mit dem ich gut leben kann: Alle Begriffe, alle Bilder, die wir von Gott haben, sind nur ein kleiner Teil der Wahrheit Gottes, sie sind sozusagen Ausschnitte aus seinem Gewand. Keinem Menschen gelingt es, das Ganze zu sehen und zu begreifen, dazu ist es zu »groß« - ein wunderbarer Begriff, den Rainer Maria Rilke immer wieder verwendet – nicht nur für Gott, sondern für all das, was als Menschen über uns hinausweist, was sozusagen jenseits unseres Horizonts liegt. Wenn wir als Menschen nun etwas über Gott aussagen, dann heißt das jedoch nicht, dass es nicht wahr wäre. Aber es ist eben immer nur ein Ausschnitt aus der ganzen Wahrheit. Deshalb kann ich Gott auch mit paradoxen Begriffen beschreiben, weil er beides ist. Und deshalb glaube ich, dass man ihn auch in verschiedenen Sprachen, Kulturen und Ritualen beschreiben und verehren kann, ohne dass deshalb eine andere Form der Verehrung oder des Sprechens von ihm »falsch« wäre. Gott bleibt das »große Geheimnis«.

Angesichts des Meeres kommt mir das immer wieder in den Sinn: Wenn ich am Strand stehe, sehe ich nur einen

Ausschnitt des gesamten Meeres, das unsere Kontinente umgibt. Mal erfahre ich es als rau und wild, wie beispielsweise in der Bretagne, mal als beinahe gemütliche Badewanne wie an den Mittelmeerküsten. Mal ist es still, mal laut, mal sanft, mal bedrohlich, mal aufgewühlt, mal spiegelglatt. Wenn mir jemand von der Küste in Nordirland erzählt, kann ich aber nicht sagen: »Das stimmt nicht, was du da über das Meer sagst, ich habe es in Italien ganz anders erfahren.« Jeder hat seine ganz eigenen Meererlebnisse – und alle sind gleich wahr.

Und noch eine Parallele kommt mir immer wieder in den Sinn: Auch heute ist das Meer für uns Menschen im wahrsten Sinn des Wortes unergründlich. Es gibt Tiefen, in denen noch kein Mensch war; es gibt Tiere und Pflanzen dort, die noch niemand erforscht, vielleicht sogar noch niemand gesehen hat; es gibt Strömungen, die unberechenbar bleiben; und es gibt im Meer so viel Schönheit, die einen Staunen lässt und das Staunen wieder lehrt. Beim Tauchen und Schnorcheln kann man etwas davon näher betrachten und entdecken, aber auch das bleibt immer nur ein Ausschnitt aus dem Ganzen. Das Wasser, das Meer bleibt das »ganz andere« Element, in das wir eintauchen, in dem wir aber nicht auf Dauer leben können. Und selbst für die, die Meere erforschen, bleibt es nach wie vor das »große Geheimnis«.

Das Meer ist alles. Es bedeckt sieben Zehntel der Erde.
Sein Atem ist rein und gesund. Es ist eine immense Wüs-
te, wo ein Mann nie alleine ist, in dem er fühlen kann,
wie das Leben aller in ihm bebt. Das Meer ist nicht nur
ein Behälter für alle die ungeheuren, übernatürlichen
Dinge, die darin existieren; es ist nicht nur Bewegung
und Liebe; es ist die lebende Unendlichkeit.

Jules Verne

Die »lebende Unendlichkeit«, was für ein Bild! Für mich
steckt darin auch, dass es als Ursprung aller Lebendigkeit
auf der Erde in allem zu finden ist, was existiert, und dass
alles am Ende auch dorthin wieder zurückkehrt – aufgehoben in der lebendigen Unendlichkeit und nicht vergessen, selbst wenn die ursprüngliche Form sich auflöst.

Segen

Umgib mich mit deinem Schutz auf dem Meer der Zeit,
und schütze mein kleines Lebensschiff
in den Felsen, Untiefen und Strudeln,
ja bewahre es allezeit.

aus Irland

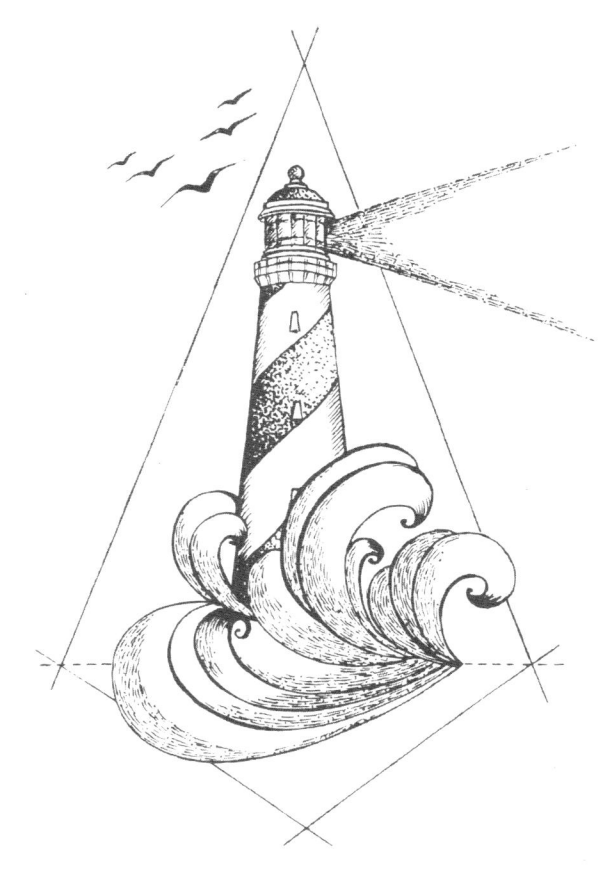

Quellennachweis

S. 9:   *Erich Fried*, Gesammelte Werke © Verlag Klaus
         Wagenbach, Berlin 1993

S. 39, 70, 104: *Anthony de Mello*, Weisheit kommt aus
         dem Herzen © Verlag Herder GmbH, Freiburg im
         Breisgau 2009

S. 51f: aus: *Vreni Merz*, Und Leib und Seele atmen auf.
         Einladung zum Ferienmachen © Matthias Grüne-
         wald Verlag der Schwabenverlag AG, Ostfildern
         2007. www.verlagsgruppe-patmos.de

S. 85:   *Antoine de Saint-Exupéry*, Die Stadt in der Wüste
         © 1951 Karl Rauch Verlag, Düsseldorf.

S. 91:   *Isabella Schneider:* Einmal wird sich der Himmel
         öffnen. Aus: dies.; Leuchtende Sternkristalle am
         Weg. © 2009, Verlag am Eschbach ein Unterneh-
         men der Verlagsgruppe Patmos in der Schwaben-
         verlag AG, www.verlag-am-eschbach.de

S. 97:   *Anselm Grün,* aus: »Gute Worte für das ganze
         Leben« © Vier-Türme GmbH, Verlag, Münster-
         schwarzach.

S. 100: *Hannah Valentin*, Ein Tag voller Gelassenheit ©
         Verlag Herder GmbH, Freiburg im Breisgau 2002.

S. 102: *Martin Kämpchen,* aus: »Am Abend notiert«
         © 2015, Vier-Türme GmbH, Verlag, Münster-
         schwarzach.

S. 119: aus: *Lorenz Marti*, Der innere Kompass © Verlag
Herder GmbH, Freiburg im Breisgau, 2017.

S. 124f: *Jörg Zink,* Wie wir beten können, Verlag KREUZ
in der Verlag Herder GmbH 2015, neu bearbeitete,
erweitertere Ausgabe des 1970 erstmals erschienen Titels, S. 75, © Jörg Zink

Lesetipps

Für Meerliebhaber

Florence Hervé (Hg.): Am Meer. Erzählungen und
   Gedichte, Berlin 2004

Joachim Sartorius (Hg.): Für die mit der Sehnsucht
   nach dem Meer. Gedichte, Hamburg 2008

Andrea Wüstner (Hg.): Das Meer. Gedichte, Stuttgart 2005

Isabel Bogdan, Anne von Canal (Hgs.): Irgendwo ins grü-
   ne Meer. Das Insel-Lesebuch, Zürich/Hamburg 2016

Mit Ringelnatz ans Meer, Ostfildern 2009

Udo Schroeter: Endlich wieder am Meer, Asslar 2014

Udo Schroeter: Meer als Alles, Asslar 2017

Für Schmökerstunden am Strand

Daniel Kampa (Hg.): Faulenzer-Lesebuch, Zürich 2012

Clara Paul (Hg.): Geschichten, die glücklich machen,
   Berlin 2014

Clara Paul (Hg.): Ein ganz alltägliches Wunder,
   Berlin 2014

Franz Hohler (Hg.): 112 Einseitige Geschichten,
   München, 3. Aufl. 2007

Anthony de Mello: Warum der Schäfer jedes Wetter liebt,
   Freiburg i. Br., 2017

Daniel Kampa (Hg.): Strandlesebuch. Sonnige und coole
   Geschichten, Zürich 2011

Auszeit im Reich der Extreme

144 Seiten | Kartoniert
ISBN 978-3-451-37713-6

Für Andreas Knapp ist die Wüste nicht nur ein Ort der Extreme, sondern auch ein Ort der Selbsterfahrung, Neuorientierung und Gottesbegegnung. Sein Buch ist ein Reisebegleiter für Glaubende und Sinnsucher. Es lädt dazu ein aufzubrechen, zu staunen, sich auszusetzen, intensiver wahrzunehmen und sich neu auszurichten. Die inspirierenden Texte, Gedichte und Bibelimpulse beschäftigen sich mit Themen wie Stille, Freiheit, Einsamkeit, aber auch Gastfreundschaft und den Wundern des Lebens.

In jeder Buchhandlung!

HERDER

www.herder.de

Spiritualität im Wald erfahren

144 Seiten | Flexcover
ISBN 978-3-451-37831-7

Im Wald kann unsere Seele atmen und wir können die Geheimnisse der Schöpfung mit allen Sinnen erleben. Hier können wir die Nähe des Schöpfers spüren und dem Heiligen begegnen. Spirituelle Impulse für eine Auszeit im Wald bietet dieser Begleiter: Die Kurztexte, Gedichte und meditativen Übungen eignen sich für mehrtägige Wildnis-Camps wie für den nachmittäglichen Waldspaziergang.

In jeder Buchhandlung!

© Verlag Herder GmbH, Freiburg im Breisgau 2018
Alle Rechte vorbehalten
www.herder.de

Umschlaggestaltung: wunderlichundweigand, Stefan Weigand
Umschlagmotiv: © ThomBal/shutterstock.com

Die Bibeltexte sind entnommen aus:

*Die Bibel. Die Heilige Schrift
des Alten und Neuen Bundes.*
DIE BIBEL *Vollständige deutsche Ausgabe*
© *Verlag Herder, Freiburg im Breisgau 2005*

Satz: wunderlichundweigand, Stefan Weigand
Vignetten im Innenteil: © shutterstock.com
Herstellung: CPI books GmbH, Leck

Printed in Germany

ISBN Print: 978-3-451-03161-8
ISBN E-Book: 978-3-451-81424-2